高校体育文化研究

崔宏超　柳　颉◎著

吉林出版集团股份有限公司

图书在版编目（CIP）数据

高校体育文化研究 / 崔宏超，柳颉著. — 长春 ：
吉林出版集团股份有限公司，2023.6
ISBN 978-7-5731-3361-8

Ⅰ．①高… Ⅱ．①崔… ②柳… Ⅲ．①高等学校—体
育文化—研究 Ⅳ．①G807.4

中国国家版本馆 CIP 数据核字（2023）第 101382 号

高校体育文化研究

GAOXIAO TIYU WENHUA YANJIU

著　　者	崔宏超　柳　颉
责任编辑	齐　琳
封面设计	林　吉
开　　本	787mm×1092mm　　1/16
字　　数	233 千
印　　张	11
版　　次	2023 年 6 月第 1 版
印　　次	2024 年 1 月第 1 次印刷
出版发行	吉林出版集团股份有限公司
电　　话	总编办：010-63109269
	发行部：010-63109269
印　　刷	廊坊市广阳区九洲印刷厂

ISBN 978-7-5731-3361-8　　　　　　　　　　定价：78.00 元

前　言

文化既是一种社会现象，又是一种历史现象，体现出十分复杂的特征。体育文化作为文化的一种，具有传承性与时代性。体育教育是高等教育的重要组成部分，是培养德、智、体、美、劳全面发展人才必不可少的重要内容。体育文化作为以人的身心健康和全面发展为目的的身体运动及相关文化体系，其与教育的目的不谋而合。近年来，随着高等教育的不断发展，人们重新审视学校课外体育活动和体育竞赛的作用和价值，期盼丰富多彩的体育文化能走进校园，强烈呼唤变革和创新传统的校运会模式。

高校体育文化作为高等教育与体育文化体系的交汇点和融合体，既是社会体育文化的重要组成部分，也是高校校园文化的重要内容。

本书针对高校体育文化进行详细的分析和研究，主要内容包括：体育文化的内涵、高校体育文化基础知识、体育文化传播、高校体育文化建设以及高校体育文化实践等内容。

本书在撰写过程中参考和借鉴了一些专家与学者的研究成果，在此表示衷心的感谢！由于作者水平、时间和精力有限，书中不妥之处在所难免，敬请广大专家、读者批评指正，以促进本书进一步完善。

目　录

第一章　体育文化的内涵

体育文化是人类文化的一个重要分支，也是人类创造并积累起来的伟大财富。体育文化内容的丰富性，表现出了体育文化内涵的多样性。本章就体育文化的多样内涵进行分析与研究，内容主要包括体育文化概述、体育物质文化内涵、体育制度文化内涵和体育精神文化内涵。

第一节　体育文化概述

一、文化的概念

一般来说，文化的概念可以从广义和狭义两个层面进行理解。

（一）广义文化

广义文化是指人类对社会和自然界产生作用的所有成果的总和，包括所有的精神财富和物质财富。因为其主要是侧重于人类社会同自然界之间的本质区别，涉及范围非常宽广，又被称为"大文化"。

（二）狭义文化

狭义文化指从意识形态方面所创造出来的精神财富，包括信仰、宗教、道德情操、风俗习惯、文学艺术、学术思想、科学技术、各种制度等。

狭义文化将人类活动中有关物质创造活动及其结果的那一部分排除掉，专注于精神创造活动及其结果，又被称为"小文化"。

二、体育文化的界定

（一）体育文化的概念

所谓体育文化就是指所有同人类体育运动相关的物质文化、制度文化和精神文化的总和。

体育文化的内容包含很多方面，主要有体育情感、体育认识、体育理想、体育价值、体育制度、体育道德和体育物质条件等。

体育的技术方法应归属于体育认识的范畴，它是人类认识过程的一个比较特殊的形式。体育文化所包含的意义主要体现在以下几个方面（图1-1）。

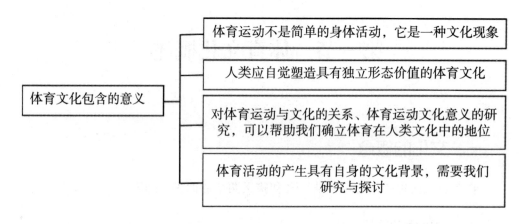

图 1-1　体育文化包含的意义

与传统的"体育理论""体育概论"中对体育运动的定义不同，体育文化的意义主要包括以下几个方面：第一，要以一种文化现象视角来看待和研究体育运动；第二，通过研究体育活动的文化背景，对体育运动与文化的关系进行考察；第三，在人类文化中确定体育的地位，并对体育运动的文化意义进行考察；第四，研究如何塑造有着独立形态价值的体育文化。

体育作为一种文化，主要有以下几方面的原因：第一，体育运动是对人类思维方式的表达和传递，而非简单的动物本能的肢体活动和嬉戏；第二，体育的产生具有文化意义。在体育运动中，文化所具有的各种特质都得以很好地表现出来。体育既包含了走、跑、跳、投等外在的身体活动形式，又具有内在的意识形态、价值观念、行为规范等心理特征，以及心物结合的中间层次的内容；第三，通过人自身的身体活动，体育可以对人的社会属性和自然属性进行改变。第四，体育既是一种物质文化体系，同时也是社会上层建筑的一部分。体育运动在整个发展历程中，呈现出了文化的民族性、时代性、世界性、继承性、阶级性等特点。

（二）体育文化的内涵

从文化的一般定义来看，体育文化可以分为三个层次内容（图1-2）。

表层是指运动形式（包括身体运动形式及所使用的场地、器材等物质形态）

中层是指体育体制
（包括体育的社会组织形态和教学训练体制等）

深层是指体育观念
（包括身体观、运动观、方法观等）

图1-2　体育文化的内容

三、体育文化的分类

根据不同文化类型的划分原则，可以将体育文化划分为以下几类。

（一）不同运动项目的体育文化

在许多流行时间长和传播范围广的体育项目中，都孕育着非常浓厚的体育文化。可以根据项目自身建立起一套体育文化规范，以便对社会文化某一方面的稳定规律进行反映，如具有鲜明民族风格的斗牛，风靡全球的健美操、拳击，美国流行的橄榄球、棒球、冰球、篮球，北欧国家极具地域色彩的冰雪体育、足球，中国武术、龙舟、秋千、风筝等项目。这些都可以在其自身体系之中构建出一系列的体育文化项目。

运动项目的体育文化除了取决于项目所特有的运动形式之外，还包括项目产生和发展的社会文化背景、项目兴盛的社会心理原因、项目组织的制度和规范等多种文化因素。

因此，在对项目的体育文化内涵进行探讨时，既要兼顾项目的运动形式所蕴含的文化特征，同时又要对影响项目发展的社会文化环境进行考虑，二者缺一不可。

（二）不同地域的体育文化

从地域角度分析，正是散裂的地域分布，促使古希腊人长期以来都习惯于城邦制的政治格局，形成了一种城邦崇拜的情结，以至于最后未能够表现出任何形式的政治统一能力。

在古希腊时期，古奥运会（公元前 776 年—公元 394 年）之所以能够举办近一千二百年，最有可能的原因是由于政治条件和先天不足的地缘因素，使古希腊人不得不举办古奥运会。社会条件和地理条件同奥运会的关系可以看作是"苦痛与抗争"。

四、体育文化的特征

（一）同一性

所谓同一性是指主体与客体两者的同一。

体育文化是一种文化现象，人是其主要的作用对象。但人作为一个综合体，既具有自然属性，同时也具有社会属性。体育文化最为基本的特征就是活动主体同客体相同一。

在体育运动中，身体运动是其基本的形式，其主要目的就是促使人的体质得以增强，而在这个基本目的的指导下，体育能够更好地实现增强人体体质、有效塑造人体体型、增强人的心理健康的目标。与之相比，其他文化大多是向人提供间接的服务。

就目前来讲，我们所面临的主要任务就是在不影响运动竞技水平的前提下，将一些摧残运动员身心、过度异化的行为尽可能减少，从而更好地引导体育文化进入到合理、科学的发展轨道。

（二）多样性

在体育文化这一统一体之中，从体育文化的表现形式来说，人的参与程度以及参与的规模对体育文化多样性的形成起着决定性作用；从体育文化实现的方向和性质来说，人的评价标准和评价方式对其多样性的形成也起着决定性作用。

正是因为体育文化的特性所在，体育文化的实现方式和参与方式也是多种多样的。对于普通群众来说，他们参与的方式主要是健身；对于运动员来说，他们参与的方式主要是竞技；对于病人来说，他们参与体育的方式主要是医疗保健；对于生产者和销售者来说，他们参与体育的方式主要是体育产业。

此外，电视台、出版社、报社、广播电台等部门的编辑、记者、解说员和主持人等可以通过调查、采访、体育文章的撰写、体育节目的制作等方式来更好地实现体育价值；体育部门以及其他部门的体育干部可以通过对体育事业进行组织和管理来实现体育价值。

在社会性这一层面上，体育以一种独特的方式对参与范围进行了拓展，进一步加深了参与程度，丰富了实现手段，并增强了实现力度，使得体育文化的生命力得以提高和发展，并在人类整个文明的演进过程中融入了体育文化的特殊基因。

（三）传承性

人类处在一个非常复杂的社会之中，众多的社会文化各自都有不同的表现方式和传承的载体。例如，文字是诗歌和小说的表现形式；建筑物和绘画作品是建筑的表现形式；酒和茶是酒文化和茶文化的表现形式和传承方式。

虽然说人类创造出了这些文化现象，这些文化也是通过各种方式在人的意识中留下足迹。很多在人脑和观念中存在的文化，虽然具有相应的历史传承性，但在经过了代代相传之后，常常会出现模糊或者很难辨明的情况。

文化的符号常常被文化学者用来指代文化，这里所说的表现和传承载体就是指文化的符号。

作为一种非语言文化，体育文化就是使用身体来进行表现和传承的，这也是体育文化同其他非人体文化的不同之处。由于人体的运动方式不同，不同的运动项目也表现出了不同的身体形态特征。

（四）直观性

通过不同的形式能够很好地展现出人类社会文化的内容和要素。

人类文化的表现形式以及评价标准的客观、实在是文化符号论者所坚持的。从这一方面来看，体育文化具有非常鲜明的独特的优势，这主要表现为：同其他文化相比，其评价和表现更加直观。体育文化内容与要素的差距、优劣明显而直观，具有十分鲜明的特色。这与其身体运动文化特性有关，更与体育文化中客观的评价体系密切相关。

对于体育文化来说，公平竞争是其精髓之一，表现为公平、公正和公开，建立了科学而合理的体育评价体系。

五、体育文化的性质

（一）普遍性

所谓普遍性是指各个不同的阶级都拥有着与自身相切合的相对独立的体育文化思想和文化形式。

（二）经验性

所谓经验性是指作为一种人类文化的表现形式，体育文化具备了根据相关经验进行生产和传承的属性。同时，体育文化也具有社会性。

对于体育文化，人类的认识水平以及改造能力都是非常有限的，这就需要根据以往的经验来对体育文化进行塑造和改进，如西周时期的尊礼，就是在当时条件的限制下，基于人们对自然界和宇宙的有限认知所形成的经验认识造成的。

值得注意的是，体育文化之所以具有经验性也因其自身传承形式这一直观显性特点，这对于传播是非常有利的。除此之外，同体育文化相比，其他文化大多不具备这种特性，需要通过经验来进行指导，如文学、法律等。

（三）科学性

这里所说的科学性，是指体育文化在科学的指导下进行运作和发展的属性。

人类的存在是一种物质存在，具有规律性和客观性。人类的生长、发育等都需要一定的科学理论进行指导才能得以实现。就拿竞技体育运动来说，不断提高的运动水平是在科学认识和合理掌握自然界变化规律以及人体运动规律的基础上得以实现的。

在现代社会中，竞技运动场上有更多的先进科学运动器材和运动设施被使用，大大提高了运动员的运动水平和比赛成绩。

此外，在竞技体育运动中，一些更为科学、更为先进的训练方法和训练手段的运用，对于体育运动成绩的提高起到了很好的促进作用。这些都表明，体育文化具有科学性。

（四）差异性

这里所说的差异性，是指在体育文化方面，不同个人、团体之间存在着一定的区别。这种差异主要从体育文化的组织形式、运动形式、体育观念、行为模式和价值标准等方面体现出来。

有很多因素会对体育文化的差异性产生影响，主要包括社会地位、职业、年龄、种族、性别、地域、教育状况等。

（五）民族性

对于体育文化来说，民族性是其中一个非常重要的特性。它是指在生活生产方式、生存环境、地理位置、文化积累和传播等因素的影响下，一个民族所产生的不同于其他民族的体育文化。

体育文化所具有的民族性是以民族的语言、心理、性格以及在此基础上所产生的体育文化模式作为内容核心的。不同的民族性格、语言、心理等因素不同，在体育文化和生活方式方面也存在比较大的差异。同时在民族心理和性格等因素的影响下，这些差异以内化模式使得体育文化的民族性得以固化。

任何一种体育文化都具有各自的民族性。但当一个民族体育文化发展到一定程度之后，就会扩散到外部，这也无形之中增加了本民族体育文化同其他民族体育文化相接触的可能性，使得两者相互之间的交流也变得更加频繁起来。

（六）一致性

所谓一致性是指体育文化在各个民族之间存在相同或相似的地方，这主要体现在体育的运动方式、结构形式、运动观念、组织形式等方面。

各国家、民族都具有各自所特有的体育文化现象，虽然在起源、思路等方面的差异比较大，但具有相同或相似的结构。宋、元时期所出现的"捶丸"就同欧洲中世纪时期的高尔夫球有着许多相似之处。虽然在历史背景以及文化环境等方面，两者存在的差异性比较大，但两者在运动器械、运动形式等方面的相似性非常高。

（七）群体性

这种群体性，主要从以下两个方面体现出来。

1.体育文化离不开群体

从体育文化传播方面的表现来看，体育文化是人类在后天的社会生活中，通过不断的相互合作，采用群体性的方式来获得的。

2.任何体育文化都是群体所创造出来的产物

需要强调的是，即便是一个人创造出来的体育文化，也需要被群体所接受和认可，并进行丰富，才能发展成为体育文化。

作为一种超个体的存在，体育文化是在群体的氛围中不断发展起来的，并在群体之中得到广泛流传，其传播速度和传播范围都要比其他物质形态更快更大。所以，体育文化传播的群体性是体育文化发展的主要动力。

（八）人类性

所谓人类性是指一个民族的体育文化所具有的比较普遍的品格，也正是这一特性使得体育文化能够被理解和吸收，并同本民族的其他文化进行融合，进而得到发展。就拿中华民族传统养生文化来说，它对于生命质量进行追求的特性是人类所共同拥有的，能够超越国家、民族、语言、地域等的限制。

（九）社会性

这种社会性，主要从以下几个方面体现出来。

1.个体性方面

在体育文化中，人类共同活动的价值和力量得以真正体现和凝结，可以说，这是一种社会遗产或社会财富。

2. 受动者方面

就受动者来说，从体育文化的创造性中能够很好地将体育文化所具有的社会性体现出来，这也是体育文化社会性的最为深层的意蕴之所在。这是因为人类的生存和发展是以人的创造性活动为基础的。

3. 自然界方面

体育文化在自然界中并不是平白无故产生的，对于一般的自然物来说，它们并不是文化；对于人来说，人本身具有生物遗传进化的特性，但并不具备体育文化的性质，只有人和自然才能被称作文化，也只有在社会中才能产生和发展体育文化。

（十）继承性

所谓继承性是指经过时代的发展，体育文化依然对原有的某些特质加以保留的属性。

体育文化相比其他文化形式来说，它是在社会价值体系和人们意识领域之中通过语言、图像、文字等媒介得以传承的。当然，在体育文化之中，身体动作是其基本的传承形式，这些都使得体育文化具备了继承性。

（十一）变异性

这里所说的变异性是指在长期的历史发展中，体育文化的结构、内容和模式产生变化的属性。

在体育文化发展过程中，发展来源于传播和交流，如果缺少了其中的任何一个环节，那么体育文化就如同一潭死水，难以获得进步和发展。在体育文化发展中，其变异并不总是积极的，或者说并不全是积极的。

（十二）时代性

所谓时代性是指体育文化随着时代的不断发展和变迁也会得到相应的发展和

演变的特征。这一特性之所以能够存在，是因为生产力在发展中具有阶级性的特点。

物质、精神和制度是体育文化的三个层面。

通常来说，物质文化要比制度文化发展得快一些，而制度文化又比精神文化发展得快，在各个时代之中，它们又各自具有不同的体育运动方式、价值观念和组织制度。由此可见，对体育文化的衡量并没有一个特定的标准作为依据。

对体育文化进行评价要从历史发展的角度进行审视，既要对其进步性予以肯定，同时还要对其时代的局限性进行了解。就拿宋朝和唐朝来说，"以瘦为美"是宋朝所倡导的审美观念，而"以肥为美"是唐朝所倡导的审美观念，这就使得这两个时代的体育文化存在比较大的差异。在参与体育方面，女性的参与方式和心态也是不同的。

（十三）地域性

所谓地域性是指由于受到地理环境的限制，体育文化表现出不同的特征。

对于体育文化，世界各个民族、各个国家都有着比较大的不同，各自都具有比较独特的特征。

在原始社会时期，体育文化自然具有很多共同之处，但也存在一定的地域性。换句话说，不同的地理条件下，体育文化存在着很多不同的体育运动形式，如河流、草原等地区的运动项目就有很多不同之处。欧洲国家没有中国辽阔的地域，各个国家之间的体育文化受到的地域影响非常小，但还是有影响的。例如，挪威比较流行冰雪类的运动项目。

（十四）世界性

这里所说的世界性是指无论显现出什么样的特征，无论经历了什么样的发展和变化，从整体上来说，体育文化都是属于世界的，具有世界性。

就世界历史来说，其主要的目标就是将世界联结成为一个整体，这对于体育文化来说也是一样的。体育文化在资本主义社会是将工业化和商业竞争作为背景的，其一般的特征就是竞技运动的成熟性和对商业化的不断追求，也是其世界性。在原始社会，世界各地的体育文化都具有混合性、落后性、平等性等特征，这也是其世界性之所在。

（十五）永恒性

永恒性就是指体育文化在发展方面永恒不断、生生不息。时代性和永恒性是体育文化的两大特性，但它们并不是两个实体，而是同一个实体的两个方面。

体育文化之所以具有永恒性，是因为人类体育文化具有相通性，具有普遍的、客观的追求。

第二节　体育物质文化内涵

一、体育物质文化的概念

物质文化，是指人类创造的物质产品体现出来的文化，包括所用的技术和艺术。物质文化，不是所有物质形态的单纯存在或组合，自然状态下存在的物质不属于物质文化的范畴。物质文化是人类发明创造的技术和物质产品的现实存在和组合，不同物质文化状况反映不同的经济发展阶段以及人类物质文明的发展水平。物质文化不单指"物质"，更重要的是强调一种文化或文明状态。所谓体育物质文化是指人们以体育作为目的，在体育中的活动方式以及物质形态。

二、体育物质文化的分类

体育物质文化可以分为体育器材和场地设施、体育活动方式以及各种思想物化品。

（一）体育器材和场地设施

人类在历史发展的整个过程中，依靠自身的力量进行创造，以使自身的需要得到满足，这是人类最为基本的一项活动。

对于体育方面的需要，相对于人类其他方面的需要来说，它是一种将精神作为内核的需要，所以出现的相对较晚一些。从体育活动的特点来看，体育物质文化更加具有象征性。通过建设各种体育设施，如田径场、足球场、雪橇、体育馆、游泳镜、网球拍等，来使自身体育运动的需要得到满足。

随着人类需求的丰富和升华，精神这一高层次方面的需求得到满足的创造动力将会变得愈发强大，这必然会推动体育用具和设施得到更好的发展。

（二）体育活动方式

在人类发展中，运动是灵魂。通过采用各种运动，人们能够对自身进行改造和完善。使人类基本生活需求得到满足的活动方式主要有耕田、纺织、插秧、锄草、锻造、印染等各种农业和工业的劳动。

对身心健康的追求是体育活动的主要目的。

随着人类文明的进步，体育活动方式也逐渐成了使人们各种精神需要得到满足的具有强大生命力的一种活动方式，如通过跑步对紧张的情绪进行调整、通过参与篮球和网球运动增强体质、通过观看足球比赛更好地放松身心和宣泄情绪等，这些都属于体育活动方式。

（三）为促进体育发展而创造且形成物质的各种思想物化品

对各种物质的思想物化品进行创造是体育物质文化中最高层次的部分。体育物质文化中，由人们的体育意识和观念直接形成的物质产物也归属于体育物质文化的范畴，它要比那些直接充当体育活动方式载体的体育用具和体育设施要求更高，如裁判法、体育歌曲和录音带、体育法规制度、体育比赛录像带等。

总体来说，体育物质文化是指在体育文化现象中实际存在的、有形有色、能够被直接感知的事物。

体育物质文化既包括各种体育用品、体育场地和体育器材，同时也包括具有深刻思想内涵的物质。当然，它与体育制度文化和精神文化的区别主要体现在形态的物质性、功能的基础性、表现的易显性三个方面。体育物质文化指内涵和功能具有物质性的活动，如体育电影。体育物质文化是体育精神的投影，其中沉淀了人们的精神、欲望、智慧等，体育物质文化实际上是体育精神的物化品，一切因体育目的和需要而作用的物质对象及人类生活方式都可以视为体育物质文化。体育文化是对体育水平的直接反映，也在一定程度上间接地反映了社会生产力的发展水平。

三、体育物质文化的特性

（一）基础性

体育物质文化是体育精神文化和体育制度文化的基础。

（二）易显性

由于体育物质文化与社会发展的活跃因素使生产力关系直接处于体育文化的最表层，体育文化的发展变化往往首先从体育物质文化上体现出来。

（三）物质性

所谓体育物质文化是指在现实中存在的、可以触知的、具有物质实体的体育文化事物。

第三节　体育制度文化内涵

一、体育制度文化的概念

所谓体育制度文化是指人类通过体育运动，对自身进行改造和完善的活动方式及其制度的产物。在体育运动中，它是指对人们的各种社会关系进行调控和规范的组织机构和规章制度的总称。

二、体育制度文化的分类

体育制度文化可以分为以下几部分。

（一）体育运动中的组织形式

在社会中，人们的地位和角色除了由人的能力差异决定之外，还由活动的组织形式所需要的各种不同角色所决定。

在体育运动中，也有很多不同角色的划分，如裁判、教练、队长、队员、游击手、投手等；也有单败淘汰制、单循环制、交叉淘汰制等赛制，这些属于体育制度文化中最基本的内容。

当然，在体育运动中，在区分角色方面也是有一定原则的，如在运动队中，队长主要是由技艺高超或具有较强号召力的运动员来担任。

（二）各种组织机构

组织机构能够使人类群体的力量得到合理、高效的发挥，它是人类社会逐步发展的产物。人类无论是个体活动还是集体活动都是无法摆脱组织机构的。体育制度文化作为人类改造自身、促进社会进步的文化产物，已经成为各种社会组织和它自身的各种组织机构重要的、不可缺少的一部分。

世界体育组织、各大洲体育组织、国家体育组织、运动竞赛组织、学校体育组织、民众健身娱乐组织等都是体育制度文化的重要组成部分。在成立各种体育机构时，只有同社会背景相结合，同时对体育活动发展组织化进行关注，才能促使体育运动真正向着合乎体育文化规律的方向发展。

（三）体育活动的制度

在人类的组织制度文化体系中，组织机构的原则、制度对组织的性质、活动方式和发展方向起着决定作用，是制度文化与精神文化关系最为直接、层次最高的一部分。

具体来说，体育制度文化是指在体育文化活动中人们自身构成的文化，它是一种稳定的、动态的文化成果，主要包括体育社会制度、组织、政治和法律形式、群体风尚、体育伦理道德、民族语言、风俗习惯和民族教育等方面的内容。

体育制度文化来源于对体育活动实践和体育精神领域的思考，在体育文化活动中，它是作用最为突出的组成部分，是连接体育一般规范与体育机构的桥梁。

不健全的体育制度会对体育机构的建立和完善产生影响，不完善的体育产业制度也会对体育经营管理活动的顺利开展形成制约。只有不断地更新、改革和完善体育制度，才能推动体育的发展。

三、体育制度文化的特性

对于体育制度文化的特性，可以体现为以下几个方面。

（一）连续性

在体育制度文化中，一些非常重要的内容并不会随着时代的变迁而被废除，而是得到了相应的继承发展。

（二）时代性

从体育制度文化中的各个层次来说，政权机构和社会制度起着制约作用，并会随着时代变化和政权更替而变化。因此，体育制度文化表现出了最为明显的时代特征。

（三）内化性

通过人们的认知，一些体育制度文化不断地内化深入成为个人的意识，形成了一种不需要依靠任何外部情况刺激的自觉行为。

（四）俗成性

在体育长期的历史发展中，体育制度文化中的内容经过人们的约定俗成而得以确立，并不是依靠政权的规定，很多少数民族的体育风俗都具有这种特性。

第四节　体育精神文化内涵

一、体育精神文化的概念

所谓体育精神文化是指人们围绕和依靠体育，对客观世界进行改造的活动方式以及全部产物。

二、体育精神文化的分类

体育精神文化可以分为以下四个部分。

（一）精神世界的物质内涵和行为准则

同一般文化相比，体育精神文化的不同之处就在于它将物质文化与精神文化、制度文化紧密相连。比如体育标语、体育服饰、运动训练、体育选材等都属于这一层次的体育精神文化。它归属在行为文化的范畴之内，同体育制度文化和体育物质文化的区别也非常微妙。

对于一件运动服装来说，我们从体育物质文化的层次，对它的质地、型号、颜色等进行分类；从体育精神文化的层次，注意其展示的体育民族个性、审美情趣等因素。

在开展体育运动训练时，要注意体育物质文化，如身体运动的场面表现；要注意体育制度文化，如教学传授的方式与人际关系；要注意体育精神文化，如指导思想和训练原则。

从一个角度和层面，是很难将体育的物质、制度、精神文化区分清楚的，三者是紧密相连、密不可分的。

（二）思想观念和理论体系

体育作为一项以改造人的身心为目的，进而促进身心全面发展的活动，需要在多个方面和不同的层次上被做出科学的阐释。

体育学科是在体育活动的理论背景下得以产生的，如体育经济学、体育史学等。

以上这些体育学科和一些体育领域的研究都是以书面的方式展现的。体育学科专著的出版是这些体育学科发展的重要标志。

（三）通过抽象的声音、色彩等表现体育精神的艺术文化

人类把握世界，既需要有物质和精神的单一形式，同时还要对精神物化的产物进行把握。这些文化形式除了具有实实在在的物质表面外，还蕴含了人类的意志、情感和灵魂。其是以文艺作为杰出典范的。

体育活动具有直观、激烈、宏大等特点，这些特点使得它成为文艺表现的对象，如体育诗歌、小说、漫画、相声、小品、歌曲、体育邮票等体育文艺都归属于体育精神文化的范畴。

对于一幅漫画来说，我们从体育精神文化的角度，来对其所呈现出来的体育情感和思想进行探究。体育精神文化这一层面属于艺术文化的一部分。

（四）通过体育改造人的主观世界的想法和打算

体育精神文化是指体育活动中依附的科学、心理、道德规范、哲学、审美观念、文学艺术等思想意识形态的总称。

所有能够在体育文化中得以传承的道德规范、社会心理、哲学、科学、审美评价、文学艺术等思想意识形态，都属于体育精神文化，其中也包含了不同民族、不同地区的传统心态。

从体育精神文化来说，竞技体育文化价值是其重要的内容，是在弘扬主体精神、竞争观念、民主意识、科学态度等人类基本价值观念中体现出来的。例如，亚运会的进取、拼搏、科学求实、团结奋进、争创一流、祖国至上的精神，中华体育精神等，这些都是体育精神文化的精华之所在。

三、体育精神文化的特性

体育精神文化的特性表现为以下几个方面。

（一）沟通性

体育精神文化能够通过语言交流、笔录书写、阅读赏析等进行保存和传承，其目的就是加强沟通，形成精神对话。其形式虽然是物化的产品，但它是对体育主体精神和意念进行传递的媒介物。这也是体育精神文化沟通特性的主要体现。

（二）积累性

同体育物质文化和体育制度文化相比，体育精神文化更加具有抗同化能力和凝固能力。它既具有积极的方面，同时也具有消极的方面，积极的方面是对优秀体育精神文化的传承，对体育文化的进步起到了推进作用；消极的方面是保留了落后的体育精神文化，对体育文化的发展造成了阻碍。

（三）内视性

所谓体育主体精神的内视性是由体育的思维、感知、审美情趣、价值观念等因素共同构成的，这些因素在其中充当着体育精神内容的实体。

第二章　高校体育文化基础知识

　　校园文化是一所学校独特的精神风貌，也是学生文化素养、道德情操的综合反映。校园文化建设反映了学校的综合办学水平，是培养具有创新精神和实践能力的高素质人才的内在要求。因此，倡导什么样的校园文化，始终是高等学校的一项重要研究课题。校园文化又是整个社会文化的一部分，是一种具有引导性的亚文化、一种特殊的社区文化、一种精神文化。从其构成上看，它是以物质条件为基础的载体文化和以人文为中心的人和社会精神文化的统一。校园文化活动的蓬勃开展，对于提高学生的人文道德素养、拓宽学生的视野、培养一专多能高层次的复合型人才具有深远意义。

第一节　高校体育文化概述

一、校园体育文化的定义

（一）校园体育文化的概念

　　校园体育文化是由校园文化和体育文化两者相互影响、融合、渗透、促进而发展起来的，是在一定社会政治、经济、文化、教育、体育等条件的依托下，由学校广大师生在实践过程中共同创造的体育精神和财富的总和。校园体育文化有着深刻的内涵和丰富的外延，首先，它与校园德育、智育、美育、劳育文化等一起构成了校园文化群；其次，它又与竞技体育、群众体育等共同组成了广大的体育文化群。从广义上讲，校园体育文化是学校广大师生、员工在学校现存的环境中，在学校体育教育、学习和活动过程中创造出来的物质与精神的所有内容。从狭义上说，校园体育文化是指在学校教学环境下，以学生为主体，以教师为主导，在各种体育活动中相互作用创造出来的学校文化形态之一，包括体育精神、体育的价值观念、体育道德和体育能力，是学校这一特殊社区的体育群体意识。学校体育文化是一个内涵广泛、系统开放的文化形式。这个系统大致可以分为三个层面：第一层是精神层面。居于主导地位，其中体育健康价值观是校园体育文化的本质和核心，决定了它的目标；第二层是制度、方法层面。这个层面既是校园体育的组织形式，也是校园体育意识的体现，包括体育教学、课余体育活动、体育科学研究、体育竞赛、体育交流等全方位制度、方法的确立；第三层是物质层面。它是校园体育文化的基础，也是物质保障，包括校园的体育建筑、环境、场地、器材、用品和师资队伍等。以上三个层面在校园体育文化建设过程中，应当在"以人为本"的基础上获得协调发展。

（二）校园体育文化功能

1.教育熏陶，促进身心全面发展

文化环境是一个使人不断地接受新文化滋养、熏陶、装备的园地。校园体育文化是存在于学校这一特定环境中的体育文化形态。学校的体育教师是拥有专业体育知识的人才。人类创造的体育文化以系统的知识形态经教师的传授，给学生们以滋养，使他们掌握体育知识，认识体育的价值，逐渐地成长起来。

2.强身愉情，增进人的身心健康

世界卫生组织根据健康的定义提出了现代健康的新概念，阐明了人的健康应包括身体和精神两个方面。身体健康包括良好的发育、正常的生理机能及承担负荷的适宜反应。校园体育文化中的行为文化是以身体运动为基本的表现形式，由它所构成的体育锻炼过程，给予人体各器官系统以一定的强度和量的刺激，使机体在形态结构、生理机能等方面发生一系列适应性反应，从而对机体产生积极的影响并能有效地促进人们的身体健康。校园体育文化中的意识、行为、物质三个文化部分均能有助于人们的心理调节，满足师生、员工对精神文化生活的需要。通过各种体育手段和方法，可以锻炼人的意志品质，催人奋发进取，培养集体观念，加强组织纪律，协调人际关系，消除精神烦恼，给人带来欢愉，使人身心得到和谐、健康的发展。

二、校园体育文化的意义

校园文化是学校组织在教育管理过程中营造的具有各自特色的文化，是一个包括学校的发展目标、价值观念、风格特点、传统习惯和规章制度等在内的有机整体。在校园文化建设中，从多元化入手，立足于现实，着眼于长远发展，开展校园体育活动，使校园文化建设活动寓乐、美、学、文于一切健康有益的社会活动之中。用现代体育思想促进校园文化建设，以健全的组织文化构建凝聚群体意志和力量的团队精神，这对组织成员的创造力、凝聚力、组织效率的提高及组织目标的实现有着广泛且深刻的影响和积极作用。

三、校园体育文化在校园文化建设中的作用

体育运动是体育文化发展的重要载体，也是一种社会文化需要。体育有很强的教育功能，在校园文化建设中具有不可替代的特殊作用。

1.高校体育具有教育效能

具有思想性、学习性的体育活动是校园文化中一种无形的精神力量，能在体育活动和体育锻炼的过程中培养人、教育人、改造人，从而潜移默化地熏陶、感染每

一个校园人；加速校园人在素质、价值取向、知识技能、人格心理等方面的社会化进程，使学生在不同程度上产生完善自我、发展自我的心理需要，有效抑制与大学生要求不相符合的思想和行为。高校体育文化以其广泛的群众基础、突出的德育功能，提高了校园人热爱美、鉴赏美和表达美的能力，形成具有鲜明特点的校园文化。

2. 高校体育具有凝聚效能

青年学生是祖国的栋梁，因此必须引导青年学生努力拼搏。体育竞技运动正好突显了为集体拼搏的竞争精神，是沟通感情的"桥梁"，是增进友谊的"纽带"，是凝聚人心、增进团结的"法宝"。实践证明，高校体育作为校园文化的一部分，使人们产生了认同感、使命感、自豪感和归宿感，形成了巨大的内聚力，将个体目标融于学校的总体目标中。

3. 高校体育具有激励效能

开展积极向上的体育活动能够强有力地调动校园人的积极性、主动性和创造性，从而产生一种巨大的鼓舞人心的精神力量，形成学校活力。校园文化工作离开了体育工作就缺乏应有的生机和活力。我们在抓好教学与科研的同时，要注重以有效的体育活动与之相配合，鼓舞学生斗志，培养集体荣誉感。

4. 高校体育具有传播导向效能

学生在运动场中最容易传递真情实感，最容易赢得同场竞技者的喜爱和尊重，也最容易得到战友般的信任，并在"是对手更是朋友"的轻松氛围中建立新友谊。在运动中，校园人学到如何尊重自己和他人，如何实现合作，如何把握适度忍让和情感表达，"学会做人，学会学习，学会做事"，这些表明高校体育具有传播导向效能。高校体育活动能陶冶、感染、规范学生，为个体行为提供价值参考，使个体自觉地把组织目标视为自己的行为目标。

四、发展校园体育文化应该采取的措施

1. 要树立科学的校园体育文化观

校园体育文化观是个人或社会对体育存在的意义和价值的认识或看法，可以说，校园体育文化观念的方向决定了校园体育文化的发展方向。校园体育文化的参与者应具备如下的校园体育文化观：校园体育文化是学校文化的重要组成部分，体育锻炼是科学、文明、健康的生活方式，应成为学校师生生活中不可缺少的内容。师生生活中不能缺少体育，体育是完善个性、体现人的价值的重要途径，也是强身健体、缓解学习疲劳和工作压力的重要手段。

2. 要转变教育思想观念

教育思想和教育观念的转变是校园体育文化建设的关键。教育目标、培养模式、体育课程设置、教学内容等各方面在深层次上无不受到教育思想、教育观念的支配和指导。要用新的思维、新的标准、新的目标去组建新的高校体育教育体系，塑造新的高校体育教育模式。在体育教学过程中，应强调技能和文化的渗透与融合，一方面，在教学中要增强对学生体育意识和健康意识的教育，培养学生自觉参与体育锻炼的兴趣和习惯；另一方面，要把当前体育教育与终身体育教育有机地联系起来，使学生树立终身体育的意识。

3. 加强校园体育文化制度建设

校园体育文化制度是学校根据自身的特点，制定的包括体育教学管理、运动竞赛管理、体育社团管理等各方面的规章制度。在加强校园体育文化制度建设的同时，要积极采纳学生的建议，使校园体育文化制度能够适合本校学生的实际状况，更大程度上激起学生共同参与建设校园体育文化建设的兴趣。

4. 加强课余体育俱乐部和运动队建设

课余体育俱乐部是广大学生自愿参与、以健身和娱乐为目的而组建的体育娱乐组织。成功的俱乐部及有特色的运动队对校园体育文化建设具有举足轻重的作用，常常会对师生、员工产生巨大的凝聚力。

五、奥林匹克精神文化对我国校园体育文化发展的影响

（一）奥林匹克运动精神

在浩瀚的历史长河中，人类的体育活动丰富多彩。然而，从古至今，在持续时间、规模、影响以及所追求的崇高思想方面，几乎没有一种体育活动可以同奥林匹克运动相媲美。现代奥林匹克运动创始于1894年，是每四年举办一次的体育竞赛和文化盛会。它不是一般的体育竞赛，而是一个以体育为载体的社会文化运动，一种有自己的哲学、理念和追求目标的社会文化运动。奥林匹克运动把自己的理念称为奥林匹克精神，并指出，这是一种"人生哲学"，旨在通过体育运动，增强人的体魄、意志和精神，使人获得全面、和谐的发展，进而建立一个尊重人的和平的社会。现代奥林匹克运动是人类社会进入工业文明以后的一项伟大的社会实践，对人类文明的进步与发展产生了深远的影响。

《奥林匹克宪章》中指出，奥林匹克精神是"体现理解、友谊、团结和公平竞争的奥林匹克精神"。它引导人们摆脱文化偏见，以博大的胸怀认识和理解自己民族以外的事物，学会尊重其他民族，学习他们的优秀文化；在公平竞争中加强团结、增进友谊。奥林匹克精神体现的是社会和平、人的文明生活方式，它将体育运动作为实现人和谐发展的途径，是主导体育运动与教育、人性、社会文化发展相结合的崇高精神。奥林匹克精神不仅是古代奥林匹克运动产生和延绵不断的原动力，也是现代奥林匹克运动得以发展的历史因由。奥林匹克精神是人类一种向善、向美、向

真的精神追求，体现了人类自强不息、永远向上的精神宗旨。《奥林匹克宪章》明确指出了：奥林匹克精神就是在公平竞争的体育竞赛中促进不同种族、不同国家、不同信仰的人之间的相互了解、增进友谊和团结，它的本质内容包括参与、竞争、公正、友谊与奋斗，这些精神内涵的实质在奥林匹克发展的著名格言"更快、更高、更强"中得到了充分的体现。①

（二）奥林匹克运动对中国现代体育的影响

奥林匹克运动需要中国传统民族体育。奥运会是世界上最具影响力和号召力的世界盛会，奥林匹克运动是跨国、跨文化、多元化的一个庞大的体育系统，它在倡导公平竞争的同时需要包容不同的民族体育来充实和壮大自身。中国传统民族体育注重整体、自然、和谐的主张正好为奥林匹克运动注入一股清流，使奥林匹克运动系统更为完善。

契机——世界体育、世界和平的需要。经济全球化加速了其他元素的全球化进程，其中自然也包括了体育。中国传统民族体育拥有悠久的历史与深厚的文化内涵，有着巨大的潜能和良好的发展前景，而奥林匹克运动是世界体育赛事的典型代表，二者的融合与和谐发展能大大促进世界体育发展。奥林匹克运动还致力于世界的和平事业，在维护世界和平方面有着不可替代的作用。中华民族自古以来就是一个热爱和平的民族，中国也在当今世界的维护和平事业中担任着重要的角色。中国传统民族体育与奥林匹克运动的和谐发展，符合中国的和谐社会建设，对世界的和平也有积极的意义。现今世界上任何一项流行的体育项目，最初都是源于各国的民族体育，它们同样是在一定的地域、受一定的文化影响而逐渐形成的，后来随着经济发展、文化传播而逐渐成为在世界上被广泛开展的世界性的运动，例如，日本的柔道、英国的击剑运动。发展中国传统民族体育不仅仅可以弘扬博大精深、源远流长的中

---

① 国际奥林匹克委员会.奥林匹克宪章[M].詹雷,译.北京：奥林匹克出版社,1993.

国文化，更能挖掘和继承中华民族的优秀遗产。发展我国的民族传统体育，也可以使中华民族的传统体育全面走向世界，与世界的体育运动相交融，从而更好地促进国际体育文化的发展。中国传统民族体育要想走向世界并让世界接受，首先要让更多的人了解中国传统民族体育背后所蕴含的文化内涵，比如中国传统民族体育项目武术，它的民族性特征非常突出，讲究的是形神合一。外国人如果对中国文化及其精神不了解，就难以把握武术的奥妙和精髓，那他们学习中国武术就只不过是机械地模仿。另外，由于我国幅员辽阔，而民族传统体育又是依存于某一地区特定的历史和文化背景的，因此我国的民族传统体育也具有一定的地域性与民族性。

（三）中国当代体育与奥林匹克运动

中华人民共和国的成立，为奥林匹克运动在中国的进一步发展提供了前所未有的机遇。在党和政府的高度重视下，奥林匹克组织得到了更新，群众体育和竞技体育得到了全面发展，奥林匹克的宣传、教育与研究逐渐普及。这一阶段是利用奥林匹克运动项目、运动会形式和技术设施为中国人民服务，对奥林匹克运动的表层结构进行平等的改造和为我所用的阶段。此时，与奥林匹克运动的深层结构，如价值观、思想体系的融合尚未开始，与其中层结构即组织体系方面则存在着严重的对立。1979年中国恢复了与国际奥委会的正式关系，中国体育开始了全面走向世界的新历程。这一时期的中国当代体育以空前的规模、全方位地同奥林匹克运动进行了接触、交流和融合，并取得了举世瞩目的巨大成就，从而使双方的关系进入了新的发展阶段。奥运会是世界体育运动的盛会，一直吸引着全世界的注意。2008年北京奥运会把北京和中国置于全世界所关注的位置，向全世界展示了北京和中国文明、友好而鲜活的真实面貌。北京奥组委为世界大家庭成员提供了最好的体育场馆、最优美的环境、最方便的服务；"绿色奥运、人文奥运、科技奥运"，终获巨大成功，令世界刮目相看。成功举办2008年北京奥运会，促进了我国群众体育与竞技体育的全面发展；促进我国与世界的体育合作和交流，不断提高国民的体育水平，为世界体育事业的发展做出贡献。成功举办 2008 年北京奥运会，使奥运精神、奥运意识成为中国人社会生活的主旋律。在奥运精神的鼓舞和五环旗的指引下，全体中华儿女的爱国主义精神和民族自豪感进一步增强，"更高、更快、更强"的口号激励着中华民族自强不息、勇于进取；极大地激发了全国各族人民的爱国热情，促进我国改革开放和社会主义现代化建设事业快速发展。2008 年北京奥运会，赋予了奥林匹克运动更多的中国传统民族体育文化的内涵；向全世界介绍了中国的体育文化思想；向西方国家展现了我国民族体育的魅力与神韵；将中华民族博大精深的文化展现在了全世界人的面前。

第二节　高校体育文化的理论概括

高校校园体育文化是高校校园文化的重要组成部分，是高校师生接触最为广泛的一种文化。根据大学生个人的爱好，开展以竞技体育、传统保健体育、现代健身体育和娱乐体育为内容的体育文化活动，不仅丰富了师生的课余文化生活，而且营造了高校特有的校园体育文化氛围。加强高校校园体育文化建设，营造浓厚的校园体育文化氛围，全面提高高校的育人质量，对高校校园体育文化发展有着深远的意义和积极的推动作用。

一、高校校园文化的定义

高等院校是我国文化积淀、发展和传承的重要社会载体，是知识形成、传播的主要社会场所，高等院校的改革与发展对我国经济、政治、文化的进步与发展有着深远的影响。近些年来，全国高等教育事业，与时俱进、深化改革、加速发展，取得了显著的成绩。高校校园体育文化以其特有的文化氛围于有形与无形中影响着广大师生。从发展的角度看，良好的校园体育文化氛围能健身、健心，培养人的社会适应能力；从教育学的角度看，良好的校园体育文化氛围能提高大学生的思想道德品质，培养良好的体育观念，提高审美情趣，完善心理特质；从教学的角度看，良好的校园体育文化氛围能教给大学生体育知识、技能，培养他们的体育兴趣和良好的锻炼身体习惯；从社会学的角度看，良好的校园体育文化氛围能提高大学生的社会意识，增强他们的交际能力和社会活动能力。

高校校园体育文化是校园文化与体育文化有机结合的产物，是高校师生在校园这一特定的环境中，为实现高校培养和造就合格人才的目标而实施、传播的与身心健康直接相关的以身体活动为主要载体的精神文化现象。高校校园体育文化作为高校校园文化的重要组成部分具有较高的品位和层次，是高校特有的富有校园文化气息和健康生活气息的大众文化。它以师生的体育价值观为核心，以实施健康第一的高校体育目标为主要目的，是以大学生群体为主体的体育行为方式、思维形式和活动方式，主要有校园体育课程、体育课外活动、体育艺术活动、校园体育竞赛活动、体育欣赏活动等。一般来说，高校校园体育文化的内涵由三个部分组成，即高校体育精神文化层、高校体育制度文化层、高校体育物质文化层。精神文化层面处于主导地位，反映出高校体育文化的行为准则、价值观念和意识等主要内容。体育健康价值观是其核心，持续渗透时间长，对学生影响久远，是一所高校向心力与凝聚力的象征；制度文化层面是联系精神和物质文化层的纽带，为物质层面更好地利用开发、精神层面更好地挖掘提供制度保障；物质文化层面是基础，是客观物质保障，它体现出高校体育文化的底蕴，对大学生身心健康发展起到"润物细无声"的滋润作用。高校校园体育文化的三个层面相互联系，相互促进，共同发展，缺一不可。

二、高校体育文化发展的现状

随着社会的发展，培养具有竞争、开拓意识和全面发展的复合型人才已成为高等学校教育发展的方向。体育作为高等教育的重要组成部分，更是素质教育的重要内容和手段，推进素质教育、发展学生的综合素质必须优先发展体育文化素养。

（一）现代大学生体育文化素养的现状分析

1. 体育知识贫乏，体育技能缺乏，体育行为被动

衡量大学生体育文化素养的高低，体现在三个方面：体育知识、体育技能和体育行为。在对非体育专业的大学生进行的访谈调查中发现，当代大学生体育文化素养与其所处的文化阶层是极不相符的，集中表现在体育知识贫乏、体育技能缺乏和体育行为被动等三方面。在一些常识性的体育知识问答中，结果常常令人啼笑皆非。

2. 体育意识较低，体育个性不强，体育意志薄弱

随着国务院 2021 年 7 月印发《全民健身计划（2021—2025 年）》的实施，国家对社会体育和学校体育的高度重视，人们的锻炼意识比从前已经有了长足的提升。校园体育文化活动也开展得风风火火，但总的来说，大学生的体育参与意识依然不高，终身体育意识尚未形成，体育个性不强，体育意志薄弱。

（二）培养大学生体育文化素养的途径

1. 借助课堂教学平台，刺激隐性因素发挥作用

大学生没有良好的体育个性，在一定程度上阻隔了大学生对体育知识和技能的追求。因而刺激隐性因素发挥作用，培养大学生的体育兴趣是关键。俗话说，"兴趣是最好的老师"。大学生一旦有了体育锻炼的兴趣，体育意识就会提高，同样也不用担心学生体育个性的形成和体育道德品质的问题。因而教师在课堂教学中，应

该打破长期以来存在的以传授运动技术为单一内容的教学模式，建立以适当的运动技能传授为手段、以学生体育锻炼兴趣为动力、以培养大学生终身体育锻炼意识为最终目的的教学新体系。

2. 营造良好的校园体育文化氛围，使学生潜移默化地接受体育知识与技能

大学生接受的体育知识和技能，一方面来源于体育教师的课堂教学，另一方面来源于自身对体育知识和技能的关注。因而学校应该开展丰富多彩的课外体育活动，营造良好的校园体育文化氛围，让学生在潜移默化中接受基本的体育知识和技能。比如开展课外体育运动、体育专题知识讲座等各种活动，让全体学生有机会选择自己喜欢的项目，体验运动带来的快乐，在良好的体育文化环境中不知不觉地受到感染，一方面学到了体育知识，另一方面也培养了体育兴趣。体育文化素养是人的基本素质的重要组成部分，当前大力提倡素质教育，培养大学生的体育文化素养不仅仅是高校体育教学的目标之一，同时也是高校体育改革的社会责任。在此基础上，教师一定要转变教学观念，多渠道为学生提供丰富的体育文化知识，同时借助社会力量，提高学生的体育技能和体育文化素养。

三、高校发展体育文化的意义

高校校园体育文化是与高校师生密切相关的一种文化，是校园文化中一种特殊的文化现象，是高校校园文化的重要组成部分。意义主要体现在以下两个方面：

1. 丰富校园师生的体育文化生活

高校师生在教学中占有非常重要的地位，师生的身心健康对于整个高校实际教学有着非常重要的影响。体育对促进身心健康有着重要的作用。

2. 对大学生心理健康产生积极影响

高校体育文化对大学生心理健康产生积极影响主要有两条途径：第一，通过交

互作用实现。第二，通过精神层面上的熏陶和潜移默化的影响实现对大学生心理的积极影响。

（1）有助于缓解大学生的人际关系

高校体育教学、课余体育活动、体育竞赛、体育协会组织、对外体育交流是高校体育文化的重要载体，大学生在参与这些体育活动的过程中，不得不学习如何处理与他人的关系，从而使各项活动顺利开展。在比赛当中，他们必须不断地交流沟通，在局势有利或者同伴表现出色时，他们会用各种方式表示鼓励和认可；在出现失误、局势不利的关键时刻能克制自己的不良情绪，做到相互理解和相互支持。在参与活动过程中，大学生能逐步形成自信、自强等心理品质。长期从事体育运动，特别是集体对抗性运动，能够使大学生性格趋于外向化，同时，运动过程中能够有效提升运动者对外交流和沟通的能力，从而增强大学生处理复杂人际关系的能力。

（2）有助于大学生准确评价自我，增强自我接纳和自我认同感

（3）有助于大学生良好意志品质和个性心理的形成

意志品质包括自觉性、果断性、坚韧性、自制力以及勇敢顽强和独立主动的精神，是一个人行为特点的稳定因素的总和。

（4）有助于缓解大学生抑郁、焦虑、敌对、胆怯、强迫等心理症状

情绪状态的调控能力是衡量高校体育文化对心理健康影响的最主要指标，心理健康的大学生能够适度地表达和控制自己的情绪。高校体育文化对大学生心理的积极影响主要通过体育锻炼来施加，体育锻炼可以有效转移个体不愉快的意识、情绪和行为，使其从烦恼和痛苦中摆脱出来。体育锻炼之所以能够调节情绪，是因为参与者能体验到运动带来的愉快感觉。心理学家认为，适度负荷的体育锻炼能够促进人体释放一种多肽物质——内啡肽，它能提升大脑皮层的兴奋和抑制的协调功能，使神经系统的兴奋抑制的交替转换过程得到加强，从而产生良好的情绪状态。因此

参加体育锻炼，尤其是参加那些自己喜爱和擅长的体育锻炼，可以使人从中得到乐趣，振奋精神。国内的研究资料表明，以有氧代谢为标准的中距离和长距离慢速跑、变速跑能够松弛紧张的情绪；集体项目，如球类活动，可以培养人良好的协作精神和团队意识，抑制焦虑；健美操、有氧韵律操等对缓解焦虑有明显的作用。经常参加身体锻炼的人的状态明显好于不参加身体锻炼的人。

第三节　高校体育文化的结构与内容

近年来高校校园文化研究热潮日益高涨，这源于高校进入自主发展、自我发展的新阶段。但是，由于文化概念的广泛性，对校园体育文化存在众多不同的理解，特别是不加区分地罗列校园体育文化的层次和校园体育文化现象，这既无助于认识深化，也给校园体育文化建设的具体实践带来了操作上的困难。因为现实的校园体育文化是开放的、立体的、丰富多彩的，我们必须按照校园体育文化结构要素间的内在逻辑关系，从不同的视角加以考察，并立体地把握校园体育文化，这才是认识校园体育文化层次结构的基本原则。

一、校园体育文化主体形态的层次结构

人是校园体育文化的主体，同时也是其主要载体。校园体育文化的构建应首先着眼于人，它的核心问题是人力资源的开发、管理和利用，它既包括校园成员的体育文化水平、体育道德、体育观念、体育态度、语言艺术、体育教师的业务能力、科学化训练水平、学生的运动水平等的教育与培训，也包括贯穿学校全部制度中学校体育精神的宣传、灌输和渗透，更包括了以名师名生为代表的群体在校园体育文化建设中的主体作用、榜样作用和示范作用。由于学校内不同群体的身份、角色不

同，因此从主体方面来考察，校园体育文化客观上存在干部体育文化、教师体育文化、学生体育文化三个层次。学生体育文化是校园体育文化的最活跃的层次，教师体育文化处在稳定的中间层，干部体育文化以学校决策管理层为代表，是校园体育文化整体自觉发展、主动创新的重要动力。

（一）干部体育文化

干部体育文化的主体主要是学校的决策层、高校二级管理单位的领导以及系部的领导。他们的办学理念和教育思想，以及能否目光敏锐地站在时代潮流的前沿，通常是加速或延缓学校发展的决定性因素，对校园体育文化的形成与传播产生巨大的影响。学校领导集体对校园体育文化有预见的倡导和长期培育是形成特色鲜明的校园体育文化的重要源泉，他们对各种社会文化思潮的态度会影响校园体育文化的发展。

（二）教师体育文化

教师体育文化的主体是高校的教师、科研人员、职工以及离退休人员。他们是一所高校社会地位和声誉的决定因素，也是教学、科研、训练和社会服务的主角，更是校园体育文化的主导力量。一方面，教师的体育思想道德、体育文化修养、学术抱负及生活态度、一言一行无不对大学生产生着深远的影响；另一方面，教师在教学、科研、训练和社会服务中的活动，也影响着学校领导层的决策，校园体育文化活动应充分发挥教师体育文化的作用。

（三）学生体育文化

学生体育文化的主体是学校的所有学生。学生在学校的主要任务是在教师的指导和影响下，通过学习获取知识、运动技能与健身方法。学生体育文化是最丰富多彩和形式多样的，它表现在教学、科研、社团、文艺、俱乐部、课外活动等学校的一切方面。正因为学生体育文化的表现人多面广，因此很多人就把校园体育文化局限在学生体育文化层次上。由于大学生思想观念受条条框框的束缚较少，容易接受新东西、新思维、新事物、新观念，同时他们也往往是各种文化传播的重点对象，所以学生体育文化经常是高校体育文化交流的最前沿和最活跃的部分。

二、高校校园体育文化层次结构

（一）校园体育精神文化

校园体育精神文化是在校园中由师生长期创造的、特定的一种精神财富和文化氛围。它主要以体育思想观念体系和价值体系两种方式表现出来。精神文化包括身体观、健康观、运动观、体育观、审美观、道德观、体育意识、价值取向等，从深层影响着全体师生的思想，具有深刻的哲理内涵。校园体育精神文化是赋予学校以生命、活力并反映学校体育历史传统、办学特色、体育精神风貌的一种学校体育精神形态，每一所学校都有自己的校园体育文化，但并不一定每一所学校都形成或凝聚起了自己独具特色的校园体育精神。校园体育精神是校园体育文化的核心和灵魂，这强大的影响力、感染力渗透在学校体育的方方面面，成为凝聚全体师生、员工共同奋斗的精神动力。如清华大学体育传统的形成与保持源于校方及体育教师的重视、提倡和悉心指导，其思想根源在于清华教育者"健全人格"的教育思想和忧国忧民的爱国之心。

（二）校园体育制度文化

校园体育制度文化主要指以文字形态表达的学校体育的规章制度以及办学目标、校训等，如学校制定的体育章程、条例、实施细则等，它们保证学校秩序的正常运行，规范着学校成员的行为、态度和作风，倡导与校园体育精神文化的价值观、健康观、审美观一致的体育风气，是体育精神文化在学校各个方面管理上的体现。先进的校园体育文化精神如果不能通过一定的制度及相应的机制表达出来，就难以转化成客观的体育文化存在，就形成不了新的体育文化风尚，就起不到推动校园体育文化进步的作用。当新的校园体育精神文化转化到制度上时，既标志着先进的校园体育精神文化的有效传播，又标志着校园体育文化创新的落实。一所高校包括体育制度创新在内的体育教育创新，本质上是体育文化创新。在当前的高校体育改革中，制度创新是推动高校体育发展、建设高校校园体育文化的途径。同时，体育制度创新是体育创新的重要内容。"进行教育创新关键是通过深化改革不断健全和完善与社会主义建设要求相适应的教育体制。"① 没有不断的体育制度创新就不会有体育体制改革的真正深化。

（三）校园体育物质文化

校园体育物质文化以实物形态表现出来，主要指学校的体育建筑、生活设施、校园教学环境、自然生态环境等。人生活在一定的自然环境中，总是企图对自己周围的环境客体做出全面认识和综合解释，这就是环境知觉。在环境知觉的指导下，人在空间中进行各种各样的身体活动，空间慢慢地与各种各样的身体活动发生联系，就产生了意义。人出于对自然、社会和人自身的理解，对分化的空间做出自觉的安排和使用，就是空间设计。空间设计的直接结果，就是形成各种各样的体育物质文化。体育物质文化处于精神文化、制度文化的外层。校园的体育设施建设，通常凝聚了一定时代学校全体师生的体育文化思考，是最直观区别高校有无体育文化内涵的特征之一。优秀的校园体育物质文化是丰富和升华校园体育文化生活、表现一所学校的独特气质和风格以及良好社会形象不可缺少的内容；反之，不重视校园体育物质文化，不仅会影响体育教学、科研、训练、健身活动的开展，而且不利于人素质的全面发展和终身体育的养成。因此高校需要高度重视学校体育建筑风格、整体布局和校园生态环境的建设。

---

① 　罗林.大学体育选项教学指导教程 [M] .天津：天津科学技术出版社，2008.

校园体育物质文化是一种特殊的物质文化形态，其独特之处就在于校园是专门的育人场所，育人的意向性要求使其本身包容丰富的教育意义与教育价值。校园体育物质文化积淀着历史、传统、体育文化和社会价值，蕴含着巨大的潜在体育教育意义。

三、校园体育文化中职能形态的层次结构

在校园体育文化中，文化信息的传递通常由于学校不同部门的分工而表现出不同职能的特征，从而使文化渗透影响的方式出现差异。按照职能特征，校园体育文化可分为体育决策管理文化，体育教学、学术、训练、健身文化及体育生活娱乐文化三个层次。

（一）体育决策管理文化

体育决策管理文化是指学校体育决策与管理的理念，以及相应的制度、方式、结构、原则与行为等。不同理念、结构、制度、方式、原则与行为下形成的决策与管理，反映出来的体育价值观念与体育文化意义是完全不同的，对校园体育文化形成、发展的影响也是完全不一样的。通过学校的决策与管理，人们可以清晰地感受到一所学校体育文化的品位。因此，从职能上来说，体育决策管理文化不仅是一个独立的校园体育文化层次，而且居于校园体育文化的中心枢纽地位。

（二）体育教学、学术、训练、健身文化

体育教学、学术、训练、健身文化是在教学、科研、训练与健身行为、结果和制度上积淀起来的文化。体育教学、学术、训练与健身是校园体育文化的主要内容，也是高校体育文化区别于其他文化的重要特征。体育教学、学术、训练与健身文化是校园体育文化的关键层次和建设主题，良好的体育教学、学术、训练与健身文化是高校提高办学层次、办学水平，以及保证办学质量的必要的条件之一。当体育教

师视自己的学术生命为第一要务时，学术抱负就转化为强大的体育精神动力，求真敬业的良好教风、训练作风与健康第一理念的形成自然水到渠成；当创新教育蔚然成风时，杰出人才的出现就只是一个时间问题。良好的学术文化同样是大学生学习创新，提高素质，建设良好学风、考风与健身风的强大精神动力。不同高校或同一学校的不同学院、课程，体育教学、学术、训练与健身都有自己显著的特色，体育文化与科技文化、人文文化构成了校园文化整体。

（三）体育生活娱乐文化

体育生活娱乐文化是工作学习之外，在全体师生、员工的生活方式与闲暇娱乐活动中表现出来的体育文化现象。按赫勒的理解，所谓日常生活，是指"同时使社会再生产成为可能的个体再生产要素的集合"①。体育文化以其强大的渗透力，作用于人的生活。体育是生活的符号，身体运动积淀着文化。联合国教科文组织在1978年宣布的《体育运动国际宪章》中指出，体育是提高生活质量的手段。它处在学校主流文化的外层，与体育决策管理文化，体育教学、学术、训练与健身文化有相关性，相互间的作用又是十分紧密的。这是学校中最广泛存在的一种体育文化形式，表现在各种有组织或自发的活动之中，有很大的随意性、松散性。校园体育生活娱乐文化、大众文化与艺术文化的相关内容有重合与交叉之处，但又有着自身的特点。

高校作为高层次的教育单位，高级知识分子相对集中，传播媒介比较完备，文化层次普遍较高。由于处于社会文化潮流的前沿，学校成员对各种社会现象、体育现象、思潮比较敏感，表现出明显的关注，对科学技术和社会进步，一般具有趋善求美的理性的自觉性。同时，高校担负人才培养与知识、技能、制度创新的社会职能，体育教学、科研、训练与健身是主要的工作方式，学校体育都要围绕教学、科

---

① （匈牙利）阿格妮丝·赫勒.日常生活[M].衣俊卿，译.哈尔滨：黑龙江大学出版社，2010.

研、训练与健身来运作，这种独特的工作方式会给师生、员工的体育思想和行为方式留下深刻的烙印，从而使高校的校园体育文化显示自身的特殊性，即学术性。以学术性为特色的校园体育文化必定尊重自然科学、社会科学、人文科学、体育科学、生命科学与生态科学，崇尚科学精神与人文精神的结合。因此，科学性是校园体育文化不能脱离的本质特征。并且学术性活动要求尊重民主，强调"百花齐放，百家争鸣"，鼓励兼容并蓄，主张开放多元的学术环境，因此民主性是校园体育文化不能缺少的另一个本质特征。

四、高校体育文化特征与构成要素

高校校园体育文化是以一定的社会政治、经济、教育、文化、体育等条件为基础，以高校师生、员工为主体，由高校的体育环境和学生的需求相融合而形成的。高校校园体育文化是具有高校校园特色和健康生活气氛的一种大众文化，具有较高的层次和品位，它集健身、消遣、娱乐、传播文化等功能于一身，是大学生文化生活中的一项重要内容，具有如下几个主要特征。

（一）健身性

高校体育是通过人体运动的方式进行的，因此，健身性是高校校园体育文化最本质的特点之一。在高校体育活动中，无论是体育课还是课外活动，无论是传播运动技术还是讲授健身知识，都是为了增强体质、增进心理健康。通过体育文化活动，可以使参与者获得身体机理的健康，更重要的是让参与者产生自主性、独立性、勇于挑战的精神和勇敢顽强的意志品质，以及公正的态度、集体协作的精神、开朗活泼的性格，进而使个体获得健康并全面发展，具有更加积极的个人性格与心理素质，成为一个真正的自我和谐的人。

（二）竞争性

竞争性是体育的灵魂，没有竞争就没有超越，就没有创新和发展。体育的竞争是指在运动场上，两个以上的个人或集体在统一规则下，争夺统一目标的活动，先得者为胜，不得者为败。它不仅比身体、比技术、比经验，而且比思想、比意志、比作风、比拼搏精神，是一种全面的抗衡和竞争，对参加者的各个方面都是种严峻的考验。从某种意义上说，竞技体育是人类竞争的典范。适者生存是在自然界和人类社会已被广泛证明的真理，要适应未来社会的需要，就必须学会竞争，并在竞争中取胜。高校体育文化活动让师生在竞赛中较量体力、智力、心理，在公正、平等的基础上展开拼搏，体会到竞争的激烈性和残酷性，增强竞争意识，在激烈的竞争中学会运用技术和技巧，充分发挥自己的聪明才智，战胜对手和超越自我。

（三）互动性

校园体育文化是典型的开放系统，它与外界的信息交流十分频繁，不仅具有青年文化的特点，同时又时刻反映着社会文化的变迁，并不断地吸收和表现社会发展成果，反映社会体育知识、体育科技、体育经济等方面的最新变化。高校校园体育文化环境是由学校与学校、系与系、学校与社会等一个个体育文化圈组成的，没有这些体育文化圈，就没有高校校园体育文化。作为高等院校的教师和学生，尽管他们有一定的独立性，但是人与人之间需要沟通和交流，院系与专业之间也需要互相协调和合作。

（四）教育性

现代教育强调终身教育，终身体育作为一种新思想，是在终身教育思想的影响下，随着社会经济的发展、体育功能的完善和人们生活观念、行为的变化而产生的。当代社会人们对体育的需求日益提高，科学锻炼，终身受益，已形成一股新的潮流。因此，高校校园体育文化应以终身体育为主线，以让大学生终身受益为出发点，立足现在，着眼未来，将大学生的个体行为纳入终身体育行为，拓宽高校体育培养目标的内涵，在培养学生个体行为的基础上发展体育特长，使学生掌握体育锻炼的知识、技能，培养和提高学生的体育能力，使其养成经常参加体育锻炼的习惯，有利于促进全民健身活动的普及。还有就是通过各类校园体育文化活动的示范和教育，能让参与者学会各种卫生保健知识，培养和提高自我保护能力。

（五）娱乐性

现代奥林匹克运动会创始人顾拜旦在他的《体育颂》中这样写道："体育，你就是乐趣，想起你，内心充满欢喜，血液循环加剧，思路更加开阔，条理更加清晰，你使忧伤的人散心解闷，你可使快乐的人生活更加甜蜜。"[①] 这段名言道出了体育娱乐性的真谛。现代体育由于其技术的高难性、造型的艺术性、配合默契性和技术动作的直观性，很容易被广大人民群众接受，使它成为现代人闲暇生活的重要组成部分，能起到丰富社会文化生活、满足人们精神生活的作用。同时，现代体育运动使健、力、美高度统一起来，和谐的旋律、明快的节奏、默契的配合，及表现出抒情诗般的艺术造型使人们在欣赏体育比赛的同时产生美的享受。另一方面，人们在完成各种复杂练习后，会产生一种美妙的快感，使人产生自尊心、自信心和自豪感。

第四节　高校体育文化的现代化发展与创新

一、校园体育文化与体育教学改革创新

在校园体育文化的发展过程中，体育教学的改革创新发展会起到积极的推动作

---

① 皮埃尔·德·顾拜旦.奥林匹克回忆录[M].刘汉全译.北京：北京体育大学出版社，2007.

用。因此，校园体育文化与体育教学的改革创新是非常重要的。具体可以从以下几个方面进行分析和研究。

（一）校园体育文化建设推动体育教学改革

高校校园体育文化建设的进一步加强，能够在很大程度上推动高校体育教学改革。另外需要强调的是，高校体育教学改革过程中，人文关怀的加强，"以人为本"理念的贯彻落实也是非常必要的。校园体育文化建设的加强，要求不断完善校园体育物质文化建设、校园体育精神文化建设、校园体育制度文化建设，从多方面综合探索校园体育文化发展的新路径，这对校园体育文化建设迈上新台阶起到了积极的推动作用。高校在开展体育文化建设过程中，要以本民族、本地区、本校的现实为主要依据，以大学生身体素质、文化素质、民族精神的提升为出发点，开展校园体育文化建设，推动高校体育教学改革。

（二）校园体育文化传承对校园体育教学改革起到积极的推动作用

高校体育教学改革的不断推进，需要校园体育文化传承的助力，这主要是指不断推动文化的传承与创新。一方面，文化传承创新能够使体育教学改革理念得到进一步的完善。在高校体育教学改革过程中，一定要对学生的全面发展和终身体育意识、学生的主体性和创造性倍加重视，同时还要将学生的良好体育行为和体育习惯作为培养的重点，从而使学生的体育精神和文化素养得到进一步增强，使体育教学改革促进学生素质全面发展和身心健康发展的目标得以顺利实现。另一方面，文化传承创新能够为体育教学改革提供必要的理论支撑。中国文化是高校体育改革理念的重要来源。通过高校体育教学改革，能够使学生主体地位与教师主导地位的发挥得到进一步加强，同时也能够为学生提供更加舒适、愉悦的体育学习环境。

二、校园体育文化模式的创新发展

校园体育文化的发展，是需要按照一定的科学模式来进行的。具体来说，可以通过以下几个方面来对校园体育文化的全新模式加以理解和认识。

（一）对文化主体的需要与社会需要的关系加以协调

由于校园体育文化主体需要与社会需要之间存在着一定的差异性，主要表现在出发点、形成机制、表现形式、自觉性等方面。鉴于此，妥善处理好校园体育文化主体的需要与社会需要之间的关系，明确两者之间的地位关系是非常重要且必要的。

对于文化发展的自身需要来说，校园体育文化主体是促使文化长期、健康与稳固发展的重要保证，如果忽视主体需要，那么就会使得校园文化发展流于形式，导致矛盾和冲突的出现，甚至难以实现校园体育文化形成一个有序、健康发展的文化系统的目标。

尽管社会需要与校园体育文化主体需要之间存在着一定的一致性，但是，也不能忽视掉某一方面，否则，就会对社会需要的满足产生不利的影响。进一步来讲，如果校园体育文化主体的需要得不到较好的满足，就会导致学生在心理上对相应的文化教育产生厌倦，进而对社会需要的实现产生不利影响。

校园体育文化主体需要会对校园文化发展产生非常重要的推动力，而社会需要也会对其产生影响。学生在发展过程中，可了解社会需要的发展动向，并将其内化为自身需要，以此来为体育文化的发展创造良好的条件。

在开展相应的校园体育文化建设过程中，首先，要对校园主体文化需要加以分析，对学生生理和心理特点有所了解，加强沟通，将满足主体需要作为各项体育工作的重点。在开展工作过程中，应将社会需要作为基础，将其作为衡量校园体育文化的重要标准，促进后者沿着健康的方向发展。除此之外，还要通过各种方式，为校园主体文化需要与社会需要之间的一致性的实现奠定坚实的基础。

（二）对外部性干预与主体主观能动作用的关系加以协调

要协调外部性干预与主体主观能动作用两者之间的关系，可以从以下方面着手：

在校园体育文化的建设过程中，首先，要将校园文化建设的主体明确下来。校园文化建设的主体能够在很大程度上推动文化的需要，并且对其主观能动性的发挥起到积极的促进作用，从而使工作的效率得到进一步提升。校园体育文化建设主体的外部干预性能够使文化建设的速度进一步加快，有效避免了走弯路。但是，需要强调的是，这并不是说其效率更高。校园体育文化主体进行校园文化建设，能够更好地发展自身的能动性，能够更好地适应这一文化系统，使其生命力更加旺盛。但是，在外部性干预机制下形成的校园文化系统则可能与校园文化主体之间难以形成融洽的关系。因此，保持积极开放的态度就显得尤为重要，具体来说：一方面，要积极做到与社会发展需求相适应，并且积极借鉴外部文化，使文化的融合顺利实现而从通过外部性干预机制来促进校园文化的建设；另一方面，要对文化主体加以科学整合，使文化主体素质的发展得以实现，进而达到有效提升主体的主观能动性的目的。

第五节　高校体育文化体系的科学建设

一、校园体育文化建设的原则

在校园体育文化建设过程中，需要遵循一定的原则，以此来保证校园体育文化建设的正确方向。具体来说，应该遵循的基本原则主要有以下几个方面：

（一）"以人为本"原则

校园体育文化的主体是学生。学生不仅是创造者，也是体现者，更是祖国建设的主力军。因此，这就要求校园体育文化建设要在素质教育的基础上，将德、智、体、美、劳全面发展的综合性人才作为重点培养的目标，让学生在学校得到充分锻炼，对体育观念、体育精神、体育价值、体育道德有一个正确的认识，并把"公平、公正、公开"的体育原则、"更高、更快、更强"的体育精神融入平时的生活和学习当中。同时，学生还是社会体育的传播者。这就要求其自身的体育组织能力要不断加以强化，从而更有力地为社会全民体育健身服务。

因此，在将"学生"这一校园体育文化的主体确定下来之后，就要求学校组织的体育活动要以学生为核心，对学生的需求加以了解，这样的体育活动才是有意义的活动，其文化形态才具有一定价值。

（二）与时俱进原则

各个时代的特征，往往是从其文化形态上得到体现的，同时，也取决于文化形态。不管是表面的形态，还是内在的实质，都必须与社会发展相适应。随着社会经济的发展，社会的进步，人们对体育的要求也在不断地改变。当前，全民健身的热潮已经取代了之前对某个运动项目的追捧，人们对精神文化的追求越来越高。在这样的大背景下，校园体育文化必须要随着社会需要而转移建设方向，只有与社会同步发展，才能更好地与现代社会相适应，为社会提供更好的服务。

（三）协调性原则

校园体育文化建设是一个系统工程，有着很多构成因素，要想保证其建设的顺利进行，就必须让各种因素协调发展。具体来说，要做好几个方面的协调工作：第一，要做好课堂教育与非课堂教育之间的协调工作；第二，要做好"软"与"硬"的协调工作。具体来说，就是体育场地、体育器材、体育师资、体育组织等硬件建设与体育精神、体育制度、体育观念等软件建设之间的协调。

（四）客观性原则

校园体育文化有实质性的内容，如物质设施、学生主体、管理制度等，不是一个空虚的文化概念。对客观存在的东西，我们不能以主观的臆断为标准，必须以客观的眼光进行观察。因此，在教学过程中必须结合学生的客观事实进行不同的教育。总的来说，校园体育文化建设必须以客观事实为主要依据。

二、校园体育文化建设的要求

在进行校园体育文化建设时，仅仅遵循基本原则是不够的，还要做好相应的基本工作，这样才能保证校园体育文化建设顺利实施。

（一）物质文化建设要具有实用性和安全性

实用性是首先要考虑的重要方面，应尽可能使学生体育运动的需求得到最大程度的满足。

健康体育所追求的就是健康，因此，安全是需要强调的重要方面。在学校体育活动中，事故的出现与这一理念是相违背的。这就要求在校园体育物质文化建设时要特别强调安全性，要对体育场地、体育器材等进行经常性地检查，将存在的各种安全隐患消除掉。

（二）要保证组织的多样性

校园体育文化建设必须与时代发展相适应，这是根本要求。当前，学校体育活动多样性、健康性、娱乐性已经成为校园体育文化发展的必然趋势。鉴于此，就要求校园体育文化建设必须走多元化道路，组织形式必须突出多样性，给学生更多的选择空间。除此之外，还要建立起一个多元化的组织模式，从而使学校体育活动的覆盖面增加，进而吸引更多的学生参与到体育锻炼中来。另外，组织形式的多样性也能够将校园体育文化的健康性、娱乐性凸显出来。

（三）要保证健康性和娱乐性

在校园体育文化建设中，"健康第一"是非常重要的一个理念。因此，首先，健康的体育锻炼环境是非常重要的；其次，健康的体育意识也不可或缺，这就要求在学校校园体育文化建设过程中，加大宣传，帮助学生树立正确的体育观、人生观，让体育精神深入到学生的生活当中。

学生对于枯燥的校园学习生活，往往会产生焦虑和疲劳的不良精神状态，长此以往，不利于学生的身体发育、心理发育和学习。而校园体育文化的娱乐性是以学生身心得到放松为目的。丰富多彩的娱乐项目，能够使学生获得精神愉悦和自由，并保持乐观的情绪，暂时忘掉学习过程中的烦恼和焦虑，让学生在一个松弛有度的校园生活环境中健康地成长。

三、校园体育文化建设的科学路径

要想科学地建设校园体育文化，必须借助于科学的路径，具体来说，可以从以下几个方面有针对性地加以建设。

（一）校园体育物质文化建设

1.科学布局，使校园体育物质文化环境得到进一步优化

对于很多学校来说，体育场馆有着非常重要的意义，具体来说，其不仅是学生和高校教育工作者锻炼、休闲、聚会的场所，同时，还是反映学校物质文化的代表工程。现阶段，各高校不断扩招，这就进一步加大了学校教学设施建设的压力，因此，很多高校开始加大这方面的资金投入，使学生学习的环境得到了改善和优化，满足了高校体育教学与训练的需要。高校体育场馆和基础设施建设是高校校园建设的重要部分。这就要求校园场馆的布局要尽可能地做到科学、合理，要与校园环境协调

一致，否则，会对校园的整体规划和体育场馆的使用产生不利影响，同时也会给学生的锻炼造成不便。从某种程度上来说，科学合理的布局是高校体育场馆设施发挥其价值的关键，同时也是整个校园环境协调的重要标志。

2. 精心设计体育人文景观，提升高校体育物质文化品位

在文化的环境构建中，物质文化是处于基础地位的，精神文化是在此基础上发展起来的；反过来，精神文化也会反作用于物质文化，这种反作用主要是指导向作用。依据学校体育建设的需要，在校园内适当挖掘体现学校体育文化的人文景观，能够使高校体育物质文化得到进一步的丰富，从而对学生产生潜移默化的影响。

高校的人文体育景观的设计与建设能够将人们对体育的理解体现出来。由于每所学校有着不同的办学历史、办学理念、办学方式，因此，其校园体育文化也是各具特色、不尽相同。校园体育人文景观的建设，能够使校园体育文化品位得到有效提升。这是高校体育文化的外在标志，对于形成良好的校园体育锻炼氛围和弘扬体育精神有着积极的作用。

3. 通过教师进修保障机制的建立来达到优化校园体育人力资源的目的

高校体育教师是校园体育物质文化建设的重要主体之一。因此，这就要求政府要通过制度上的完善来保证体育教师的进修机会，从而使高校体育教师的整体素质得到有效提升。除此之外，树立"体育是一种教育文化"的观念也是非常必要的，比如，可以通过定期举办体育理论研讨会，来树立教师的体育教育观念，提高体育教师的人文素养。

（二）校园体育制度文化建设

1. 结合实际，建立健全高校体育规章制度

高校体育规章制度是各高校以学校自身的实际情况为主要依据，与国家制定的

有关学校体育法规有机结合起来，确保学校体育活动实施的行为准则。高校体育规章制度的制定，能够使国家有关体育法规规定的体育教学任务、训练与竞赛以及群众体育活动的开展得以顺利完成，同时还能继承与发扬学校优良的传统体育文化，使学校的校园体育文化具有一定的特色，从而对人才培养产生一定的影响。因此，各高校的体育规章制度必须与学校体育实践紧密结合，规范学生和高校教育工作者的体育行为，指明学校体育的发展方向。

2.以人为本，使高校体育制度人性化

高校制定体育规章制度的主要目的在于为高校体育的发展提供更好的服务。从本质上来说，校园体育文化是一种以广大师生生活、享受为出发点、归宿点和最高价值目标的人文形态，一直以来，校园体育文化都能够将人文精神、人文目标、人文价值理念充分体现出来。也正是因为如此，高校体育文化被赋予了深刻的、内涵丰富的人文精神。"育人"是高校所有体育文化活动开展的目的所在，因此，促进参与主体全面发展，使之形成科学的世界观和方法论，树立正确的价值观和人生观是其人性化的体现。

高校体育规章制度要将人性化特点充分体现出来，就要求从学生的角度出发来制定所有的相关制度，培养学生坚强的意志和团结协作的精神，以提高学生的体育文化素养，使学生在体育活动中接受教育，对成功有更加深刻的体会。

除此之外，处理好高校体育资源的公益性服务与高校体育产业化的关系，纠正高校体育文化产业化的误区，对于高校体育制度的人性化建设也有着非常重要的影响和意义，所以，要将其作为关注的重点。

3.将责任加以细分和定位，使校园体育文化部门的职能充分发挥出来

通常情况下，可以将校园体育文化组织、管理体系分为两个层次：一个是以学校体育文化发展需要为主要依据而成立的专门的学校体育文化建设部门，它主要是

由学校各相关职能部门组成，校体育运动委员会就是较为典型的一个；另一个是具有相同兴趣、爱好和追求共同的体育价值观念的学生群体自发成立的学生体育社群，各个学生体育协会就是其中一个典型。这些部门都要以校园体育文化的功能和特点为主要依据，将其与知识性、娱乐性有机结合起来，使自发与指导有机统一起来。

学校各级行政职能部门要将校园体育文化建设作为关注的重点，具体可以从以下两个方面着手：

一方面，要从总体上出发，科学地设计校园体育文化建设，并且要对各部门的职责进行分工，分别指导与落实。在开展高校体育文化活动时，要坚持遵循教育性、创造性原则，将校园体育文化的功能充分体现出来。并且要根据学校的实际情况组建一支学校体育文化建设的骨干队伍，从事体育研究、体育文化活动的指导和组织工作。

另一方面，要对学生体育社团建设做到积极支持、热情扶持、适时引导。大学生体育社团所具有的显著影响力和广泛的群众基础就是其优势所在，因此，其在组织丰富多彩的校园体育文化活动方面有着得天独厚的条件，对学生树立共同的目标和价值追求非常有帮助。需要强调的是，在对学生体育社团建设进行积极的引导与扶持时，要切实加强管理，将社团的宗旨和章程制定出来，理顺组织体系，建立民主、平等的人际关系；将浓厚的民主气氛建立起来，积极开展社团活动。

（三）校园体育精神文化建设

1.强化健康体育文化观念

原有的以竞技体育文化建设为中心的建设观念模式，已经与现代社会不相适应了，要将以健康体育文化观念为中心、多元化齐头发展的校园体育文化建立起来，并且积极开展各种以促进学生健康发展为目的，以健身、娱乐为内容的校园体育文化活动。具体来说，就是要使竞技观念逐渐淡化，而使健康、娱乐观念进一步强化。

体育文化活动对参与者身体素质和技能的要求要适度降低一些，从而使大多数学生和教师能够积极参与。同时，爱国主义、集体主义、拼搏进取和竞争开拓等体育精神，也是校园体育精神文化建设过程中应该积极倡导的。把体育精神与学风建设融合为一体，对学生形成正确的人生观、价值观、世界观定会起到积极的引导作用。

2.加强学生体育诚信观念教育

公平竞争，是体育的一个重要内在价值。每一个参与高校体育文化活动的个体都要学会尊重他人、尊重自己，在公平竞争的框架上与对手既竞争又协作，进而超越体育竞争本身，赢得尊敬。

鉴于此，在进行校园体育精神文化建设时，一定要培养学生的体育诚信，规范体育道德行为，培养健康良好的生活习性；同时，学校体育制度制定的公平性也要进一步加强，同时要保证执行过程中的公正性和规范性，进而对校园体育精神文化建设起到积极的促进作用。

第三章　体育文化传播理论研究

第一节　体育文化传播概述

一、体育文化传播的内涵

体育文化是人类有意向的活动，是人们在满足了物质需求的基础上创造出来的文化世界，是人类为了不断适应生存环境，从而调整人与自然、人与人的关系，以便获得更好的生存和发展所创造出来的生活形式、精神文化和思维方式。

体育文化是社会文化的一个重要分支，是关于人类体育运动的精神文化的综合体。体育文化包括体育意识、体育情感、体育价值、体育理想、体育道德、体育制度和体育物质条件等。体育文化一方面是为了丰富人们的生活，满足生存需要，使人类在身体活动时不断改造和完善，最终达到社会认可的文化。另一方面，体育文化是生活文化的一部分。体育文化来源于社会生活，也为社会生活服务。它肯定了体育是一种有价值的活动，并赋予体育一定的使命，从而使体育由借助自然的活动变成了有文化内涵的活动。体育文化是人类社会的一种文化现象，它的产生与人类社会的生产、生活以及军事、舞蹈、民俗等都有直接或间接的联系。关于体育与人类生产、生活的联系，早有人论述，本书中也有谈及，至于与人类原始的军事、舞蹈、民俗联系的分析却较少，现略举数例以表述之。例如，原始人在最初时期，猎获大型的野生动物，以跳舞来表示欢庆，如今，它演变为具有高超艺术和优美舞姿的现代舞蹈，这与体育文化由原始形态向现代文化逐步进化和发展的表现形式类似。体育文化的产生与人类社会文化的渊源一致。中国古代民俗活动中的祭龙、龙舟竞渡活动，以及如今在壁画上还能看到的古代拉弓射击的动作，都是体育文化的最初起源。

体育文化的产生、发展到现今，是经过漫长的人类社会发展过程的，随着人类社会的发展，体育文化也在不断完善。例如，中国古代传统的体育项目——气功、武术、太极拳以及民间舞蹈等，随着人类社会的不断发展，如今都成为当代中国乃至世界体育文化的宝贵财富。

体育文化之所以超越一个国家或一个民族的范围，有着外在的各种原因，但就体育文化本身而言，它是以人自身的健康、强壮、优美和品德高尚为目的的，这是判断人类社会在不同时期的文化水准的实质性形态，也是区别各民族文化差异的一个重要标志。因此，在当今世界，体育成为世界性的公共活动，是同国力、国运、民族精神相联系的。体育运动风靡了全球，从而使体育文化引人关注。正如人们所共知的，中国的武术、太极拳，主张内外俱练、形神兼顾，讲修养身心，深受人们的喜爱和欣赏。近些年来，中国传统体育项目不仅在国内城乡得到广泛普及，而且在世界其他国家也广为流传，中国的体育文化正在世界范围内进行着传播和发展。

二、体育文化的产生和发展

中国体育已经走进了一个全面振兴和繁荣发展的时代。在这个时代，中国竞技体育早已在全世界面前展现了自己超强的实力。同时，中国体育文化的发展方兴未艾，体育文化渗透到了当代中国老百姓的生活中，具有重要的意义。

2008年北京成功举办了奥运会，更加激起了人们对中国体育文化的热情。奥运会对我们这个具有优秀历史传承和灿烂文化的民族来说是百年一遇的体育大事件，同时也为我们民族传统体育的进一步发展提供了一个良好的发展契机。

（一）体育文化的产生

体育文化是文化的一个重要组成部分，是浩瀚文化大河中的一个小小支流。体育文化的产生有其必然的过程。人类在生产和生活过程中所需要的物质资料由人类自身的生产供给。人类在追求生存的过程中得到了发展，为了适应环境，满足人们生理、心理和社会多方面的需求，体育文化应运而生。在原始社会，由于劳动工具过于简单，为了达到征服自然、改造自然、满足人类生存的目的，人类需要不断提高劳动生产、生活能力，不断革新劳动工具和劳动技能。体育运动的产生不但满足了原始社会人们正常的生存需要，而且还同时解决了安全问题、娱乐问题、社交问题、信仰问题等，为体育文化的产生打下了坚实的基础。当今社会，由于科技的高度发展，以及生产过程中生产者技术的提高，人类的劳动形式发生了本质性的转变，更多的体力劳动逐渐被脑力劳动所取代，现在的工人只要按按电钮，大部分问题都解决了。疲劳的产生也发生了根本性变化。疲劳在生产者身上的表现开始由肢体转向大脑，由过去单一的生理疲劳向生理和心理上的疲劳并存转化，导致了劳动者亚健康状况的出现。随着现代社会竞争越来越激烈，加重了人的心理负担，影响到了人的心理健康，体育运动成为促进人的身心全面健康发展的首选。所以，我们谈体育文化时，首先，体育文化是人类在生产和生活过程中产生的，是劳动者为了自身的健康，在全面和谐的发展过程中有意识地参与自我锻炼的一种方式；其次，体育文化是生产者在参与各种各样的体育活动过程中，为了使生产者本人所参与的体育活动有秩序地完成所形成或者制定的各种制度文化。从深层次上来说，我们可以理解为，体育文化是人们在参与体育活动过程中所表现出来的价值观、思维取向、审美观和民族自尊心等；还有一层意思是被物化了的体育文化，也就是人类创造的物质形式的存在，蕴含着体育文化内涵的物质产品。

目前，学者们对体育文化的概念有几种说法，在研究上也有一定的分歧。这种分歧有观察视角上的，也有认识上的，还有体育文化作为社会文化现象，社会发展大背景对其的影响等。但是无论体育文化怎样发展，体育作为一种社会存在的客观现象，一定有其自身规律性的东西可循。

关于体育文化的概念有几种说法：有一种说法认为体育文化是人类所创造的文化的一部分，是一种特殊形式的文化。这是一种从广义上的体育文化概念，包含体育的物质文化、制度文化、精神文化三个部分。任莲香在《体育文化与高校体育》中解释："一个是体育，一个是文化。体育文化是以身体的活动为基本形式、以身体的竞争为特殊手段、以身体的完善为主要目标的体育活动过程中关于人的精神生活的那些方面。体育文化是人类生存的一种方式，是文化生活的组成部分和文明社会的显著标志。"[①] 卢元镇在《中国体育社会学》一书中对体育文化做了另外一种表述："体育文化是关于人类体育运动的物质、制度、精神文化的总和，包括体育认识、体育情感、体育价值、体育理想、体育道德、体育制度和体育的物质条件等。"[②] 冯胜刚则认为："所谓体育文化，就是人类在所有的体育现象及促进体育发展的活动中，在价值观念、精神状态、情感倾向等层面，在理论知识、方法手段、技能技术等层面表现出来的思维方式，与在有意识的实践活动中表现出来的行为方式的总和。"[③]

虽然关于体育文化的概念众说纷纭，不过归根结底，体育文化还是隶属于文化

① 任莲香.体育文化与高校体育 [M].兰州：甘肃人民出版社，2005.

② 卢元镇.中国体育社会学 [M].北京：北京体育大学出版社，2000.

③ 冯胜刚.对"文化"和"体育文化"定义的求索 [J].贵州师范大学学报（社会科学版），2003（6）：70-75.

范畴，对体育文化的研究应该包括对体育价值、体育观念、体育意识、体育心情等综合因素的科学探索。我们在对体育文化进行不断地深入研究和探索的同时，不应该忽略体育文化对社会的稳定、社会的发展及对社会的文化的作用，这些都是我们在体育文化研究时应该注意的问题。

（二）体育文化的发展

随着我国改革开放的不断深入和经济的高速发展，老百姓的体育价值观发生了本质的转变，体育文化领域迅速发展壮大，不但中国体育文化的传统格局发生了改变，国民的人格在体育文化迅速发展过程中也得到了塑造，体育文化的发展对社会面貌的改变起到了积极的推动作用。近年来，世界范围内的体育事业不断发展壮大，尤其是拉美等国家的迅速崛起，伴随着体育全球化脚步的加快，对中国的体育事业不是一种撞击，而是一种撬动，更是一种契机，从而对中国体育文化的发展起到积极的影响作用。体育文化应该朝着以下几个方向发展：

1.体育文化必将走向全球化

经济的发展在走向全球化的过程中对每个国家来说都是一把双刃剑，它给一个国家、一个民族的发展带来了机遇，又使一个国家、一个民族面临着挑战，更为关键的是我们应该在这个机遇面前把握机会，迎接挑战。中国的体育文化发展目标是：创造出既具有中华民族特色又符合世界体育文化发展方向的新型体育文化。体育文化在全球化背景的影响下，其发展必然也包含着多方面的体育物质文化，如体育设备、体育文化传播方式、体育商品生产等。现阶段我们的主要任务，一方面，是在我国大部分地区投资建设大量的公共体育设施，丰富老百姓的业余体育文化生活。在发展我国体育市场的基础上，把着眼点放在世界体育市场上，快速发展我国的体育物质文化与精神文化，同时将与体育文化有关系的产品在世界范围内推广。在体育文化全球化的背景下，发展体育制度文化主要是探索在市场经济体制下，体育制度文化与运行机制的全新发展模式。与此同时，建立、健全体育法规和体育立法体系也显得尤为重要；另一方面，体育文化产业为建立、健全完善的体育制度文化作保证，体育制度文化的丰富和发展必须在体育文化产业发展的实践中升华，体育制度本身应建立在深厚的民族文化底蕴之上。

2. 体育文化定会走向市场化

目前，我国乃至世界的体育产业已经发展成为一个庞大的产业链，被称作当今的朝阳产业。在公众精神娱乐得到满足的同时，企业也获得了丰厚的利润。进入 21 世纪，世界范围内都在提升生活质量，体育已成为人们生活中不可缺少的部分，体育方面的消费占了人们消费总额的很大比例，在社会群体中体育消费已经形成了一个庞大的市场。经济的高速发展、国民生活水平的不断提高，为体育产业建立稳固的群众基础提供了保障。社会大环境对体育产业产生了积极的影响，公众普遍参与到体育活动中来，热情高涨地观赏体育比赛，为体育产业带来了巨大的经济利益。同时，现代竞技体育快速发展，奥运会、世界杯、世界锦标赛等大型比赛所表现出来的高水平运动技能也是创造市场的关键。总之，在诸多因素的影响下，体育产业的巨大潜能，已经逐渐显露出来，体育产业正在向人们展示它的独特魅力，并在传播媒体的帮助下产生了巨大的影响力。体育产业这个朝阳产业必将蓬勃发展。

3. 体育文化应该休闲化

当今社会，人们把休闲体育作为一种时尚的社会实践活动，对于培养一个全面、自由、和谐发展的人来说是一种必不可少的重要途径。体育是文明社会的一种文化现象，成为健康、科学的休闲生活方式之一。休闲体育不但能够提升人们的生活质量，而且对促进社会文化发展有不可低估的作用，已经成为人民健康生活方式的标志。休闲体育文化是中华民族传统文化与地域特色文化多年积淀的产物。在参与休闲体育过程中，人们可以达到健康、快乐的目的，无论是心理上还是生理上都得到了一定程度的调节和释放。我们应该积极主动地发掘休闲体育的特殊价值，为提高国民综合素质和社会的文明进步做出贡献。

4.体育文化必将走向民族化

中国是由五十六个民族组成的多民族国家，五十六个民族都有自己的文化体系，中国传统文化是一个包含多民族文化的集合体。中国体育文化发展并不是要抛弃传统文化，而是在传承、发扬中国传统文化的基础上，结合中国国情，寻求更大的发展空间。中国体育文化的发展不能跟着别人跑，要有自己的特色，而且要植根于民族传统文化的肥沃土壤之中，要在中华民族悠久文化的基础上凸显民族文化风格，本着整合民族文化风采和突出民族文化精髓的思想，彰显中国体育文化在国际体育文化中的地位，这也应当是中国体育文化发展的基本方向和准则。中国体育文化的发展应借鉴世界体育文化的精髓，更应具有自己的特色。如果对中、西方体育文化做一下比较，可以说尺有所短、寸有所长，应该去其糟粕、取其精华，古为今用、洋为中用。中国体育文化的发展需要寻求一种参与全球文明对话的世界化语境，在和谐的国际体育文化交流气氛中寻求更好的发展机遇。中国体育文化发展必须符合时代潮流和我国国情，以中华民族特有的文化内涵为原始生长点，迎接新兴的体育文化潮流，由内向外发展；同时，民族传统体育的发展也需要依托和借鉴现代竞技体育的现代化、科学化的平台，从而使其向着良好、健康、强大的方向发展。

三、体育文化传播的目的、意义

传播是沟通彼此意向，以达到统一目的的行为。传播的方式可因自然和社会环境的不同，以及文化变迁造成的差异，而出现完全不同的传播结果。体育文化的产生和发展有很大原因在于传播媒介。随着时代的发展，传播的媒介也在发生着巨大的变化。从最早的狩猎传播、身体传播、信仰传播发展到现在的报纸、杂志、电台、电视、网络等传播方式。传播的不断发展和扩大，也使体育文化在不断发展和扩大。

体育文化的传播是一个非常复杂的问题，涉及多个因素，有类型、途径、影响和作用等。随着人类社会的发展，体育也在不断地发展和变化，新的运动项目总是不断地涌现出来，这些新项目最初产生的地方，可称之为该体育项目的发源地。体育项目从其发源地向外扩散，进而广泛地传播。体育传播主要是指体育的地域移动，本质是人的社会活动过程。在现代社会，传播媒介越来越多，体育文化得到广泛的传播，这是有目共睹的，也是历史发展的必然。

每一个民族的体育文化有其纵向发展过程，各民族之间的体育传播形成了体育的横向发展。没有纵向发展，就没有横向发展。每一个民族体育的发展，不仅有本民族体育传统中一切优秀遗产的纵向继承，而且还有其他国家或民族体育中一切积极有益因素的横向吸收，二者缺一不可。体育文化的发展实质上是一种体育文化借助于某种外来的力量与自身的相互作用铸造新的体育文化的过程。

从体育文化发展过程来看，体育本身具有外向性和开放性的特点，这使其交流十分频繁，是诸多文化交流中较为突出的一种。体育文化交流的形式也是五花八门。从历史的发展上看，主要有奥运会、贸易、传教、殖民、战争、旅游、留学、讲授、外交活动、移民等。它们往往是互相交错、相互促进、不断发展的。体育文化传播的主要目的是将体育文化纳入世界文化发展的轨道，使体育文化从民族性和区域性的交流扩展到全世界，这也标志着人类社会发展的进步和体育文化发展的进步。

体育文化传播作为现代社会的一种特殊文化形态，对社会的政治、经济、文化教育、商业等起到了巨大的作用。在政治上它可以振奋民族精神，激发爱国主义热情，提高国家在世界上的地位，加强各国人民之间的交流，促进各民族的团结和社会的安定；在经济上能够促进经济的快速发展。它已成为集体育、经济、贸易、文化等于一体的综合性的文化活动。一些民族性的体育文化项目，已不再是单纯的民族体育活动，已经发展成为全球性的体育活动。可见体育文化在现代社会中具有强大的推动力量，它作用于社会的各个方面，对社会的进步与发展起着不可估量的作用。因此，体育文化的传播将有非常广阔的前景。

四、体育文化传播的主要特征

在人类文明社会发展的历史长河中，人与人之间的信息传递对社会的发展有着重要的意义。随着沟通方式的不断发展，人们活动的范围也在不断变大，从封闭走向开放，由局部地区面向整个世界。体育文化传播在整个社会发展中又有特殊的作用。体育文化不是孤立存在的，体育文化与人、社会、其他文化之间都存在着交叉作用，这种相互作用会使体育文化的继承性、变迁性、交流性与创造性充分地表现出来。不同的体育文化之间，在交流过程中都是在用自己的文化魅力去征服其他文化的竞争对手，让对手也分享自己的优势文化资源。体育文化的传播本身也有其规律性可循。

（一）体育文化传播的选择性

体育文化发展过程中具有继承性和连续性。正因为此，同一民族在不同的时代，总会有共同的东西，这就使其体育文化的传播过程有选择地进行。人们总是对那些传统性的东西保留其精华，去掉其糟粕。在现今的社会，物质文明和精神文明都高度发展，社会生产力不断提高，高科技不断涌现，人们对体育文化的选择范围也在加大。每个时代都有其特殊的物质生产方式，人与自然的关系、人与人之间的关系也因此存在差异。时代的政治和经济变动得越激烈，这种差异就表现得越明显，对体育文化的选择也就更加严格。体育文化中的精华部分，那些具有严格法律章程的、民族基础广泛的传统体育项目，在传播过程中就相对发展较快，传播得更加广泛，这同时代的发展是分不开的。

（二）体育文化传播的融合性

文化的融合是指两种或两种以上不同地域、不同国家、不同民族的文化彼此借鉴、吸收、认同并最终融为一体的过程。文化融合促成因素之一就是传播的沟通交往作用。这种传播可能是自然发生的，例如，不同民族同居一地而逐渐形成的文化融合；也可能是伴随侵略、战争等方式而发生的，是带有强迫性的文化融合，即强大的一方把自己的文化强加给另一方所产生的文化融合。

体育文化作为文化的一种，也具有融合这一属性。从历史的角度看，随着时代的不断发展、工业化生产的出现、各种战争的爆发以及科学技术的不断进步，体育文化的传播也在加速进行。各地区的民族体育文化不断受到外来势力的冲击，各种体育文化之间产生了相互排斥、相互抵制的矛盾。一方面是想保持自己的传统体育文化特色，另一方面则是想把本地区的体育文化发扬光大。在不同的两种体育文化观念的碰撞上，开始时彼此之间会互相排斥对方，甚至达到水火不相容的地步。但从观念到实践的整个过程中，双方又都在逐渐地相互融合，你中有我，我中有你，而这种融合往往是以强大势力的一方为主体，在其科学和理性的思维上，对传统体育文化进行批判、改造和部分的吸收，经过发展逐渐形成各自新的体育文化。这种新的体育文化，既吸收了传统体育文化的新鲜血液，又表现出了民族的一些特点。各民族在这种体育文化的传播融合过程中，产生出具有独特技术风格的体育文化，从中找到了立足之地。

不同民族的人们长期居住在同一地域，在各自的民族体育文化发展中，也在相互交流、互为传播，并且不断地吸收对方体育文化中自己所需要的那部分，最后形成了共有的体育文化。这是一种潜移默化的文化行为，它反映在民族问题上是所谓的民族融合，而实际上是体育文化在传播过程中的一种相互融合。

（三）体育文化传播的双向性

体育文化发展的持续性和连续性还表现在，其建立在传统文化基础之上并不断发展，对已有的体育技术不断更新，对现有的体育设备不断改进，对现行的体育制度不断完善，依托各种体育规章制度进行社会实践活动，所以说体育制度是人类传播体育文化的重要保障。体育文化传播具有双向性，即体育文化传播可以促进体育的发展，反之，体育的发展也可以促进体育文化的传播。

随着人们生活水平的不断提高，在经济发达的国家，大众性的体育文化已深入到千家万户，日益受到大众传播媒体的广泛重视，报纸、杂志、广播、电视、网络等都有专门的大众性体育栏目。大众传媒已把大众体育文化报道作为主要的内容。体育爱好者通过这些媒体可以轻松查找到自己所需要的各种体育文化信息。

大众传播媒体在传播体育文化过程中使大众对体育文化有了更深层次的理解。随着社会的不断发展进步，人们对体育文化的理解不断发生变化。在接受媒体的宣传及人们自身的参与感受过程中，人们渐渐形成了正确的体育观，深切感知到体育的创新与健康是紧密联系在一起的。社会的发展对人的素质有了更全面的要求，积极地参与体育运动会给人们带来良好的精神面貌和健康的体魄，以积极地迎接社会的各种挑战，积蓄能量，这也是人们乐此不疲地参与到大众体育之中的重要原因。由此可以看出，体育文化的传播与大众体育活动是相互促进的。在体育文化传播的过程中，通过设立有趣的、内容丰富的、持续性强的大众体育栏目以及必要的体育用品推广，可以为体育产业带来经济效益的增加，从而促进社会效益的增长。对大众体育而言，通过传播媒体的反复宣传，能够使越来越多的社会受众对体育的功能有进一步的了解，让人们对体育的认识逐渐提高，体育观念不断改变，从而主动地参与到终生体育活动中去，在全民健身活动中不断地塑造自我、改造自我。

（四）体育文化传播的多元性

现代媒体把整个世界连成一个文化传播的大平台，人们的自由意识已经复苏，在当今的体育文化传播过程中，某一种体育文化唱独角戏的时代已不复存在。从各个体育项目上来看，分割与对抗是没有出路的，那样只能造成各自体育文化的萎缩与消亡，这就要求大家应该有一种平衡包容的心态，承认多种多样的体育文化形式的存在。人们必须尊重各国的体育传统文化，研究各国、各民族的体育文化内容，加强各国之间的体育文化交往，从观念上要彻底打破闭关自守、故步自封的思想，积极主动地参与体育文化竞争，不断吸收不同地区的体育文化的新鲜血液，以攻其自身体育文化的瘤疾。每一种在相对封闭的地区发展起来的体育文化，虽有其自身独到的魅力，但同时也有其自身难以克服的缺陷，只有通过文化传播进行比较，相互激励，才能使其得到进一步的发展和丰富。现在的媒体传播范围越来越广泛，视野更加开阔，早已超出了历史上的任何时代。这就要求大家在体育文化传播的过程中，要有公平竞争的思想观念和勤奋进取的精神，要认认真真地吸收别的国家优秀的体育文化，同时不能随便放弃自己的体育文化。相反，要大力弘扬民族体育文化，大力发扬民族体育文化中的优良品质，从多元化的角度去看待整个世界体育文化市场，补充本民族体育文化的不足，使其在传播的过程中不断发展壮大。

（五）体育文化传播的开放性

所谓文化传播的开放性就是在现代媒体面前，人人平等。文化的产生和发展离不开传播，而文化的传播又是通过媒体所进行的，从口语传播到文字传播，从印刷品到电信传播，每次传播媒体的演进都会对文化传播事业产生深远的影响。在现代社会，体育文化的传播具有特殊性。体育文化的传播是通过体育认识、体育情感、体育价值、体育理想、体育道德、体育制度和体育物质等诸多因素来实现的。体育文化在交流过程中受着各种因素的制约，无论是政治、经济还是民族、区域，都有可能限制体育文化的传播和发展，然而这些限制又不能阻碍体育文化的传播。随着科学技术的发展，全球化进程的主要动力来自日新月异的技术革新，世界市场的扩大和各个国家对世界文化的渴求，使文化的传播克服了自然空间的阻隔，日益自由地流动，体育文化的传播也借助着现代化的传播媒介，更加广泛地向世界各个角落进行传播。

人类社会生活的需求经历了从生存、发展到享受等几个阶段，每个阶段均离不开对游戏的需求。人类喜欢游戏，并制定出相应的游戏规则。游戏的形式有很多，其较高的表现形式就是体育。体育运动源于游戏却高于游戏，它随着人类生活水平的提高也在迅猛发展。人们的体育生活比重逐渐增大，逐渐形成了更高层次的体育文化。在国力强盛的国家里，科学技术越发达，体育文化也就传播得越迅速。另外，现代科学的各门学科都在相互交叉渗透，科学文化的整体化趋势日趋明显，现代科学技术的发展，能融合一系列的新技术，体育文化更具有这样的融合力。它可以方便地进入人们的现实生活中，使体育文化的传播在现实生活中更加深入。因此，体育文化在传播上具有全球的开放性。

第二节　体育文化与传播

一、体育文化拓展了传播载体

体育文化的起源是人类劳动过程中形成的超生物肢体的健全、完善过程和超生物经验的传递、交流过程。在不同的民族体育文化发展过程中，已形成了各自不同的体育文化模式（保持一种相对的结构方式及稳定性）。现代体育文化是以西方工业革命和文艺复兴运动为文化背景而产生的，它在谋求自身的培育和发展，增进健康和保持积极的心理、生理状态的同时，维护社会稳定、发展体育理想、培养体育意识。其主要包括群体性的竞技活动、个体性的保健活动及各种类型的娱乐活动。体育文化发展的主要动力在传播上，文化的传播是人在社会活动中对文化的分配和享受，是人与人之间的文化互动现象，体育文化传播遵循着文化传播的规律，也有其自身的特点，它是以人类各民族文化交流为重要内容而进行的。

体育文化的交流和传播都是双向性的，只有在传播中才能不断提高，才能生存和延续，才能进一步地繁荣和发展。

体育文化的发展，首先，要依赖于体育教育。体育教育主要包括学校体育教育和终身体育教育两大类。体育教育对体育文化的传播主要表现在继承和延续方面。体育文化在传播中，从纵向看，要有系统性，要继承和发展本民族体育文化的传统，使之不至失传，这就需要从教育方面入手，打好基础；从横向看，体育文化又需要相互交流，相互补充，这样才能有所发展，有所创新，才能更好地发扬光大。

其次，体育文化的发展需要先进生产力的扶持，高科技的体育设备，先进的技术设施，是传播体育文化所不可缺少的一部分。

再次，体育文化的发展还依赖于现代传播技术，只有高效的现代传播方式，才能使其更快、更强地发展起来，才能不被历史所淘汰。

最后，体育文化的发展还需要更多的人参与到体育运动中去，只有把体育运动推向大众，才能使体育文化源远流长，永不失传。

二、传播丰富了体育文化

体育文化的形成与发展一定程度上受到传播的影响，这是显而易见的。传播对体育文化的影响，更深一层的意义体现在对整个社会的影响，因为体育文化是社会的一个重要方面。下面简单介绍一下传播对体育文化的几种影响：

（一）体育文化的融合

体育文化融合的内涵是指两种或者两种以上不同地域、民族、国家的文化彼此借鉴、吸收、认同并最终融为一体的过程。促成文化融合的因素之一就是传播的交流作用。我们可以感知到传播有时可能是不由自主的活动，比如不同肤色、不同民族的人由于共同居住在同一个地区，从而使语言、文化互相渗透产生文化融合。我们的祖先，原始部落之间的点滴文化感染、互相交叉传播是促进文化融合的重要因素。另外，带有强迫性的传播途径也是导致文化最终融合的一种方式。显然，文化融合最终是不能依靠强迫来完成的，仅依靠征服是很难消灭一种文化或强迫一种文化并入的，除非这种征服是文明对落后的征服。

体育文化融合的另一个侧面是文化的同化现象。文化同化是指两种文化通过彼此互动而逐渐趋于一致的现象。一般来说，先进的、文明程度较高的文化对落后的、文明程度较低的文化具有较强的同化作用。例如，在原始社会里，人们用跑跳、投掷、打击、游泳等手段来获取生活资料，当人们在取得胜利以后，他们用欢呼、舞蹈来庆贺自己的劳动成果，以表达欢畅的思想感情。体操就是人们在原始舞蹈当中提炼出来的一种身体按一定规律的操练。它的发展融合了各个方面的需要，欧洲一些发达资本主义国家鉴于军事目的的需要，把体操与军事训练相结合。在训练过程中，人们除了形体训练之外，还要采用一些轻器械进行发展肌肉力量的全身运动，这种运动的不断壮大，使体操运动更广泛地进行传播，从而推动了体操运动的进一步发展。

（二）体育文化的增殖

文化的增殖是文化的一种放大现象。文化在传播过程中会发生一系列的变化，其本身所特有的价值或意义会产生出新的价值或意义来，也可能是一种或者几种文化的受众面增加，这取决于这种文化的底蕴。被传播的文化相对于传播前来说有某种增殖放大的现象，这就是我们所说的文化的增殖。

传播给文化带来了增殖，这实际上也是传播媒介在传播过程中起到了催化剂的作用。它一方面表现在文化传播量的增长，另一方面表现为文化传播质的提高。量的增长主要指传播覆盖面的扩大，是指同一信息的发散性传播随着现代信息传播手段的发展而日益增强。例如电话、电报、电视、通信卫星等现代化传播手段的使用，使得传播的时间大大缩短，效率大大增加，某一地方发生的重大事件，通过通信卫星可以迅速地传向世界各地。我们把质的提高理解为信息在传播中价值意义的扩大，融合后的新的文化相对于融合前的文化会产生某种变革。中国的传统文化在传播中能否得到增殖与放大，取决于文化本身的价值意义、传播途径以及文化受体的状况。如果我们所传播的文化本身是落伍的，那么传播后增殖的概率是很小的。因此，文化本身的价值几乎可以决定它的增殖性。

文化受体对文化增值的影响也很重要。当一种文化传播到另一种文化圈时，必须要与其适应并受其影响，从而使原有的文化在一定程度上改变其价值和意义，产生增殖现象。

体育文化的增殖现象是极其广泛的，例如，随着游泳运动的不断发展，人们逐渐感觉到运动项目太少了，比赛的内容也十分单调枯燥，于是就产生了开展一些更新、更有趣味的水上体育运动项目的愿望。1860年，英国曾经流行两种非正规的比赛：一种是抓鸭子比赛。就是将鸭子放入水中，运动员下水追赶鸭子，谁先抓住鸭子，就算获胜。但是这种比赛由于残害动物而受到了社会舆论的谴责，被迫停止了；第二种比赛是人们将啤酒桶安上木制的马头，并标上赛马场上知名的赛马名字，将桶放到水里，人们骑在术桶上，手持长勺，用勺子打球，这逐渐发展成为现在的水球运动。

（三）体育文化的积淀

文化是用符号记录发生过的事情，是用符号积累已经发生的现象。符号沉淀的时间越久，文化就越深厚。人的生命是短暂的，一代人在历史的长河中只是一闪而过，但文化财富的积累可能是几百年甚至几千年的结果。文化的积淀要通过几代人甚至几十代人的传播，因此，文化的传承必然对文化的积淀起着重要的作用。如果文化没有这种历史的传承，世界文化都将消亡。

传承对文化的积淀来说是动态的，一个地域、一个民族、一个国家的文化在传承过程中也会被不断淘汰或发扬光大。文化如何变迁，取决于社会发展进步的选择。这种选择基于社会对文化的需求，传播则把这种需求变成现实。

体育文化的积淀现象是非常普遍的，现代竞技体育中几乎每项运动的发展都是通过积淀而实现的。如排球运动最早起源于美国，当时只是一项球类游戏，人们分别站在网球场球网的两侧，用篮球胆之类的球拖拉、拍击。当时击球的次数不限，出场的人数由双方共同商定，也不限多少，但必须双方相等，后来发展为限制人数和击球次数，最后发展成为组织比较严密、规则比较严格的现代排球运动。

（四）体育文化的变迁

文化变迁是指社会文化特质、文化模式、文化结构转变的过程。我国历史上的五四运动，提倡新文化，提倡民主与科学，对旧的封建文化进行摧枯拉朽式的革命，使得中国近代社会发生了一次较大的文化变迁。在这其中，传播起着重要作用。五四运动和新文化运动带来的社会文化变迁，与西方科学民主思想向中国的传播密切相关。没有西方先进文明的传播，就不可能形成五四运动的土壤。没有五四运动及马克思主义的传播与影响，中国也不会产生新民主主义文化和社会主义文化取代半封建半殖民地文化的文化变迁。因此，传播是人类进步的主要推动力。

体育文化作为一种独立的文化形式，其作用是其他任何文化形态和现象所不能取代的。人类通过劳动改造和创造环境，同时也在改造和创造体育文化环境，体育文化环境与外在的自然环境不同，它包含人类个体生理环境，乃至社会群体的生理、心理环境。作为具有文化价值的体育运动，它是一种社会实践活动，让人能够全面、自由地发展，达到身心和谐发展的境界，是个体人格和社会人格的和谐统一的过程。

三、传播促进体育文化的快速发展

传播是人与人之间、人与社会之间、社会与社会之间文化信息的交流与互动的过程。在整个过程中，传播始终存在着分享、增殖、变迁、冲突、调适和控制等行为。如何认识从分享到控制，取决于我们对传播的理解。分享就是获取他人成果，为自己生存和发展注入新的力量。而控制，从受众方面看，客观上是维系旧的文化状态，反对同化；从传播者方面看，客观上是在扩大文化占有上的不平等。这种矛盾是一种无法克服的障碍，只有当控制不再是文化的主导方式，而在文化上互惠互利的时候，文化的传播才会充满和谐与秩序。

体育文化是人们对体育运动的认识、情感、理解，它的最大属性是群体性，几乎所有体育运动项目都是在集体协作下完成的。体育运动可以极大地满足人与人之间交往的需要，为人际交往提供一种有效交流的条件和机会，让人产生归属感。

传播对体育文化的作用是相当大的，体育文化只有借助"传播"这种介质做好宣传，才能得到更进一步的发展，才能使人们对体育文化有广泛的了解，让更多的人能根据自己的兴趣爱好进行自由的选择，使体育文化走进千家万户，从而促进体育文化的进一步发展。

（一）从传播学的角度来看传播对体育文化的作用

1.观察的功能

通过对社会各个方面的观察，可以向人们提供各式各样的新闻、评论和技术统计，即把各个地区的体育文化相互连接传送，使人们能够从直观的角度去观察它、了解它、掌握它，从而促进它的发展。

2.组合的功能

通过媒体的传播，可以对各种信息进行有选择性的解释并加以组合。对于体育文化来说，它的活动内容基本上没有什么可以回避的，媒体可以用较为明确的态度表示赞成或者反对，是表扬或者批评，这就对体育文化提出了很高的要求，留住精华，去掉糟粕，推广精华，促进体育文化的发展。

3.传播的连续性

通过传播，媒体可以将一件事情连续完整地报道出来。一些大众体育运动，通过传播吸引更多的民众参与到这项体育运动中来，使体育文化进一步发展。

4.具有互动作用

互联网的出现，打破了传统的大众传播媒体、千篇一律的局面，实现了信息的多元化、舆论的多元化。它可以从不同的角度，用不同的方式向各个方面进行扩散。体育文化走向市场使各行业都来关心体育，让人们关注自己的身体健康，也使他们借助某一项体育运动来宣传自己的产品，借助媒体的力量相互促进、蓬勃发展。信息时代的发展使生活不自觉地受到了很大的影响，体育文化也是一样。

（二）传播媒体在影响和促进体育文化发展过程中的作用

1. 观念方面

随着社会的发展，传播媒体使人们对体育文化的理解更加深入，人们在接受媒体的宣传和自身的参与体验中，逐渐认识到体育文化的创新与健康是紧密联系在一起的，从而逐渐形成了正确的体育观念。受众意识到社会的发展对人的素质也有了更高的要求，于是更加积极地参与体育运动，最终对体育价值观也有了合理的定位，这是由于体育运动能使人们以更好的精神面貌、更强的体魄、更智慧的头脑去面对社会的挑战。

2. 参与方面

观念的变化能促进人们态度的转变，态度的转变可以激发人们积极主动参与体育运动，时时刻刻关心体育运动的发展。在科学技术发达和经济繁荣的地区，经常参加体育活动的人数已占到 50% 左右。在发展中国家，随着人们生活水平的提高，生活方式也在不断发生着变化，参与体育锻炼的人数逐年增长。有关调查表明，目前我国经常参与体育锻炼、关心体育新闻的人数已占到了 32% 以上，已有越来越多的人参与到体育运动的行列中。这表明在传播媒体的作用下，人们更多地了解体育、关心体育，同时也促进了体育文化事业的进一步发展。

3. 投入和消费观念方面

在传播媒体的积极宣传和带动下，社会各界对体育价值的认识在逐渐提高，体育设施的投入和体育消费也呈上升趋势，这里有政府职能部门的投入，也有大众体育参与者的积极响应。人们根据各种需要积极购买各种有关的书籍、报纸、服装、运动器材等，积极上网通过传播媒体来了解体育发展的新动态，从而也促进了体育文化的进一步发展。

传播与大众体育之间是互动的，其结果是双赢的。对传播媒体来说，通过设立精彩的体育栏目，使各种媒体的用户大幅度增加，传播更加广泛，体育产业将获得更大经济利益和社会效益。对体育文化自身而言，通过传播媒介的大力宣传，能够使广大民众对体育的意义加深了解，体育观念逐渐改变，进一步激发人们积极主动地参与到体育活动中去，通过体育锻炼不断地塑造自我；同时也促进了大众体育、竞技体育运动的不断发展。因此，传播媒体对体育文化的发展影响深远。

第三节　高校体育文化传播途径

随着高等教育的产业化、办学模式的多元化，高校在建造自己的体育文化、学校形象的同时还要加大传播力度，通过多种传播媒介展示自己，从而提高高校在社会公众心目中的认知形象。

一、审视高校体育文化传播

1.高校校园体育文化传播内容

高校作为代表国家先进科学文化水平的团体，它的形象早已深入人心，影响着人们的思维、情感和教育决策。而体育文化传播是提升学校形象的一条重要途径。

（1）校运会

校运会是学校体育文化传播的一个重要环节。在校运会中，体育文化传播的主体是学生，校运会的目的不仅是通过竞技体育增强学生体质，培养学生顽强拼搏、积极进取的精神，更重要的是增强人际交流、传播体育文化。

（2）体育文化节

现今的学校体育运动逐渐打破传统竞技模式，融集体项目、娱乐项目和主题项目为一体，有条件的高校还开展时尚体育项目的运动会，传播了特色体育文化。体育文化节影响遍及高校，对高校产生了巨大影响，同时引起社会的广泛关注，展现了当代大学生的风采。以襄樊学院为例，体育文化节通常是学工处组织、院系承办的特色活动，如三人两足比赛，借助学校地处隆中风景区的优势组织定向越野比赛等。其余各高校举行的体育文化节内容也很丰富，形式多样，如棋类比赛、体育知识竞赛、体育展览赛、电脑体育动画制作评比等。

（3）全国大学生品牌赛事及各级重要赛事

学生形象通常通过学生社团活动或学习、比赛展现出来。学生在各类比赛尤其高级别的、社会影响大的比赛中获得优异成绩，都能为学校赢得声誉。高校积极地承办重要体育赛事，既可达到高校体育文化传播、扩大学校知名度的目的，又能取得良好的经济效益。国内几大高校品牌赛事（CUBA、大超联赛、飞利浦中国大学生足球联赛、TBBA中国大学生三人篮球联赛）的传播效果是惊人的，可以大幅度提升高校形象。地方高校应立足本地，参加本地体育运动，积极承办本地赛事，在本地传播体育文化，进而提升学校形象。

（4）训练基地

专业队落户高校，在国内这种体育传播形式还鲜为人知。在这方面走在前头的首推清华大学，其跳水队已初具规模；另外，浙江的杭州师范学院也采取了与省女子散打队合作的形式开创了专业武术队，开创体教结合的先例。

例如襄樊学院毗邻国家级风景名胜区——古隆中。此处环境幽雅、景色宜人，是一个非常好的体育训练基地和比赛地点。如果能吸引一两支省级队伍来进行封闭训练，比如篮球队、乒乓球队、足球队甚至是围棋队等，然后将比赛带入学校，这将极大地提升学校形象，带动学校发展。这些方法对别的院校也适用。比如三峡大学可以利用其优势吸引企业，吸引游泳队、划船队、跳水队训练等等。

2. 高校体育文化传播的重要性

对于体育的文化传播的概念，很多人会产生疑问："体育就是技术学习，与文化传播有什么关系？"也可能另一部分人目前已感受到体育文化的发展势头，似乎觉得大背景下体育与文化应该相互结合，但技术教学与文化发展又似乎很难扯上太深刻的关系。总之，我们习惯从技术传播的角度来看待体育，而非在文化背景下谈论体育发展，这是束缚体育发展的症结所在。其实，体育既需要技术传播，又需要文化传播。西方体育文化底蕴深厚，所以一直致力于技术提高的相关科技研究，一再突破人体的生理极限，吸引人们创造身体的传奇。而中国体育文化基础薄弱，所以很难支撑技术手段的健身习惯养成。可以说，体育技术若没有文化传播、传承与创新的融入，就很难转化为锻炼工具。可以这样说：人们有锻炼意识，一块石头都可以成为锻炼工具；没有锻炼意识，豪华哑铃也不会使其提起锻炼兴趣。

更何况在中国历史上，技术传播缺乏足够的重视，而经过文化传播的项目却有着较强的生命力。例如，象棋、围棋等，被推崇为高雅文化，这就是文化传播造就的。因此，即便棋类体育活动没有被设为课程，不用强制练习，也能获得很好的普及效果。原因何在？因为文化力量向心驱动。

我们首先来说一下文化的理论有多大。中国体育向来是智力和技术二分的，"劳心者治人，劳力者治于人"的政治文化使智力体育得到长足发展，而练技者的社会地位却始终居于底层。几千年绵延不断的文化传承在 20 世纪遭到重创，出现了断层。就体育而言，这个文化断层有着积极的一面，让我们主动审视、接纳先进的体育文化，弥补自身的种种不足。但一刀砍断历史连接，甚至断言中国古代没有体育，显然有点矫枉过正。消融外来文化营养进自身体系向来是中国文化的一大特色，认识这一点，从长远来看体育的发展，其必是以传统体育思想引导的多功能体育内涵的集聚，而非西式纯量化指标的健康指导模式。值得注意的是，量化指标的合格与否对生命力旺盛的青少年并不能产生显性差异，且没有试验表明体质监测不及格的学生，其身体素质比体质监测合格的学生差，其寿命比体质监测合格的学生短。

中国文化向来讲究保家卫国，国是家的延伸，是大家的家。国将不国，何以为家？所以御辱自强，学习西方强体技术，绝非对一己之家的防卫、对一己之身的建设，而是民族危机层面的防范。且看一些近代的体育教育观念："体育是具有时间和空间性的，随社会变迁而变迁"①"体育对于一国最大之贡献，在能辅助一国之教育，增进一国之文化，不仅限于增进个人健康也"②"不依据任何一种制度，但取各国所有之各种体育之善者，而形成一种新颖之体育制度"③"学习的发生是由于需要或兴趣，因需要才发生兴趣，因兴趣才感到需要，为了需要才想活动，活动结果可以得到满足"④"体育对于休闲活动，当然必须负起更重大的责任"，⑤等等。这一切对于今天体育的发展依然有启示，即体育的时空特性，文化属性，兼收并蓄，以人为本，教育定位。但我们并没有顺着近代体育文化建构的设想走出自己的独特之路，而是亦步亦趋于西方的体育。好在现在已经开始重视传统体育文化的传播。纵观中

① 方万邦.体育原理[M].北京：商务印书馆，1933.
② 宋君复.体育原理[M].北京：商务印书馆，1933.
③ 宋君复.体育原理[M].北京：商务印书馆，1933.
④ 方万邦.体育原理[M].北京：商务印书馆，1933.
⑤ 方万邦.青年体育[M].上海：商务印书馆，1933.

国历史,有个充满趣味的现象:战乱文化大发展,和平体育大发展。例如,春秋战国、魏晋南北朝,文化大发展。又如,汉唐、宋代,体育大发展。到了当代,国富民强,体育发展更为繁荣,现实很好地印证了历史。不过,随着生存威胁的消失,民族心理传承的强大惯性便会再次崭露头角,即回归传统的文化心理。体育大纲越来越先进,人们的身体素质越来越差。苏联1931年颁布的《准备劳动与保卫祖国体育制度》尽管有许多需要改进的地方,但那时人们的身体素质始终保持在较高的水平却是不争的事实,那是保家卫国、国家存亡匹夫有责的民族心理所驱使的,而这种民族心理背后的支撑便是浓浓的文化情愫。

当下,国学热开始让人们理性地从内心重新审视中国文化的建构,我国领导人也强调了教育的"文化传承与创新"作用,那么,新时期的体育文化应该如何重构?当务之急就是树立以民族文化为主线、以西方体育思想为补充的体育发展意识。改革开放以来,中国的体育发展取得了辉煌的成就,竞技体育得到了长足进步,但高校体育教学的结果却不理想。这至少说明体育课的目标完成效率很低。这种现象背后的一个主要原因,即体育文化大背景建设的某种缺失。具体而言,这种缺失包括三方面:一是体育教师仅有技术传授的观念,而没有体育文化传播的意识;二是校园体育文化建设的不健全;三是学生"学而优则仕"的主体意识。如此一来,便不可能培养出体质较好、运动素质较高的学生。因此,关注体育教育、关注体育文化建设就显得刻不容缓。另外,关注体育文化建设,还必须关注体育文化创造者的主体特性。纵观现在的改革,人性化、学生本位一直是体育改革强调的核心,但学生主体特点的分析却被忽略了。出生于20世纪八九十年代的学生创造了属于自己的独特文化,但对这种文化的研究并未列入体育改革所要考虑的范畴。很多时候我们只是就体育论改革,过于笼统,缺乏因地制宜、因材施教的针对性,难免收效甚微。

很多 80 后的人个性特点是这样：你想让我怎样，我就不怎样。对体育课的态度是：我不喜欢就是不喜欢，不学就是不学。你费尽唾沫也别想改变我。而 90 后的人相对而言，他们更为变通。对体育课的态度是：不顶撞老师。你说你的，我忙我的。你讲得好，我就听；你讲得不好，我就忙着干自己的事情。很显然，如果不透彻地了解他们的性格特点，就不可能富有针对性地提高体育改革的效果。事物之间是相互联系的，但这个观点却很少用于体育领域问题的思考。在很多情况下，学校体育改革前进的条理性、程式化和严谨性严重阻塞了其多面联系的通道，致使大规模的体育改革进行得天翻地覆，但是真正细致入微到课堂教学方法的革新，其效果就不尽如人意。

学校是精英人才聚集的场所，是知识、智慧的集散地。对于学生来讲，无论怎么学习，切入的角度都是文化的传承与创新。如果体育发展可以从文化传承与创新的角度注入活力，那么应该有助于提高其实效。在中国历史上，体育的传播与文化人有着密不可分的联系，文人在体育的传播上担当着重要的角色，不仅涉猎技术练习，还著书立传进行传播。例如，司马光改进投壶运动，张建封马球场纵横驰骋。若这一传统能够在学校——这个知识分子高度集聚的地方发扬光大，当今体育的发展自然充满希望。

二、高校体育社团对校园体育文化传播途径分析

新形势下，高校社团得以蓬勃发展，不仅种类不断增加，活动也是日益丰富，其中体育社团凭借其增强学生体质、拓展学生视野、锻炼学生能力、丰富校园生活等诸多优势深受广大学生喜爱，极大地促进了校园体育文化的传播。

1.高校体育社团对校园体育文化传播的影响

（1）体育社团文化是校园体育文化的重要构成

校园体育文化与智育、德育、美育等文化共同构成了校园文化，其强调的是以

人为本，代表的是校园精神，既有着丰富的内涵，也具备独特的外延。而高校体育社团凭借其灵活多样的社团活动为学生进行体育健身、人际交往、彰显个人特长、追求自由发展等提供了平台，且其活动内容极富感染力、教育性以及适应性，有利于促进学生综合素质全面发展，符合校园体育文化的宗旨，所以是校园体育文化的具体形式和重要构成。

（2）体育社团是校园体育文化传播的重要载体

校园体育文化的传播仅靠宣传和教育显然难以奏效，而高校体育社团借助充满活力、易被接受、富有影响力的体育类活动，感染、吸引学生积极加入社团活动中，使其在愉悦身心、锻炼体魄的同时，受到正确价值观念潜移默化的影响，进而逐渐形成吃苦耐劳、敢于进取、顽强拼搏、团结协作等精神风貌。加之校园社团数量众多，成员多为跨系、跨级甚至跨校，且一个成员可能同时涉及几个社团，有利于信息传播速度、效果的提高，故其是校园体育文化的"传播者"。

（3）体育社团是校园体育文化建设的重要力量

相对而言，德育等校园文化建设易在教学活动中渗透，而体育文化建设强调实践活动与知识渗透的有效融合。高校体育社团所开展的足球、篮球、乒乓球、武术、健美操等各种形式的体育竞赛活动，为校园体育文化建设奠定了基础，再辅以体育专题讲座、知识竞赛、影片欣赏、趣味比赛等休闲、娱乐类活动则使校园体育文化更为丰富，很大程度上满足了学生多变性、多样化、多层次的需求，因此高校体育社团是校园体育文化建设的重要力量。

2.高校体育社团和校园体育文化和谐发展的策略探讨

（1）注重体育社团基础性建设

当下高校体育社团基础建设尚不完善，不利于顺利传播体育文化，故高校应基于对体育社团与校园体育文化的内在关系，立足自身实际，给予必要的政策支持和资金扶持，为体育社团提供合适的场地、必要的运动器材、适度的活动经费等，从而保证社团活动正常开展，切实发挥应有的功效。考虑到体育社团宣传力量有限，不利于校园体育文化的进一步传播和繁荣，建议高校有关部门为其创造一定的宣传机会，引导全校师生提高对体育文化的认知，树立科学的价值观念，养成健康文明的生活方式等。

（2）促进体育社团规范化管理

毕竟高校社团是由学生自发组织、自主管理和参与的，因此其不可避免的会出现管理无序、混乱等不良情况，既制约着自身的健康发展，也不利于校园体育文化的建设，这就要求高校团委加强与体育管理部门、学生处等的交流与合作，对体育社团实施统一、规范化管理，并制定相对完善的管理制度，如明晰社长、宣传部、组织部等职务权责，细化总结汇报制度，并对经费审批、活动原则、团费标准、成员出勤等做出规定，以此实现内部管理有章可循。此外，高校还应每年考核、评估体育社团绩效，并予以及时、合理的表彰或整改，甚至取消等。

（3）实现体育社团可持续发展

体育社团的可持续发展关乎校园体育文化的建设和繁荣，故可从下述几点着手：一是应鼓励体育社团根据成员的不同需求，组织多样化且各具特色的体育社团，在扩大成员活动空间的同时，吸引更多的学生加入；二是进一步丰富活动形式和内容，如欣赏体育比赛、组织专题讲座、举办项目培训班、开展趣味活动、举办体育晚会等，以满足成员身心需求，提高运动技能，养成健康品质；三是发展有专业体育教师参与的运动队，既可以引导学生健康锻炼和运动，也有利于弘扬校园体育文化。如一高校在校内举办了 CUBA 联赛，并在开幕、比赛间隙展示了特色的文体节目，明显地促进了校园体育文化建设。

总之，高校体育社团为学生身体素质、知识能力、价值观念、道德修养等的提升提供了助益，并极大地促进了校园体育文化的传播和繁荣。因此，高校应充分发挥体育社团的效用，切实将体育文化渗透于校园的角角落落，以此实现两者的和谐发展、共同进步。

三、网络信息化技术对高校体育文化传播的研究分析

在传统体育文化传播中，高校主要是通过一些固定的体育文化活动来吸引学生对体育的重视，并利用这些活动对学生的体育意识、体育态度和体育思想进行影响，使学生在体育学习中能够感受到体育的魅力和体育的价值。随着我国互联网技术的不断发展，高校数字化校园建设已经逐步成为高校基础建设当中不可缺少的一项内容，而这项工程也为学生更加便捷地接触到网络传媒，使学生在最短的时间内对网络信息文化的内容进行筛选和过滤。当然，其中的体育信息对学生的影响显著，尤其对学生的素质教育影响更深远，从而凸显出了体育的素质教育功能。那么作为学校和学生管理人员，如何有效地用好体育信息传播途径，为学生的体育思想培育和校园体育文化建设服务，就需要我们每一个教育工作者去思考。

体育信息传播是大学体育价值理念和体育信息获取的重要的途径，各种网络媒体、电视、手机及报纸新闻已经为大学生构建了一个快速获取各种信息的平台，尤其是随着学生在大学学习生活的深入，大学生对于新闻媒体的接触和认可程度也在不断地提升，学生的生活也逐步离不开媒体介质。

学生在体育价值观念的形成过程中，各个年级的学生受影响的因素是不一样的，他们之间的差异性较大，比如说对于一年级学生而言，社会及家人对于学生的体育价值观念的影响相对较大，而校园体育文化及体育信息传播对学生的影响相对较小，学校体育课程教学和课外体育活动居中；对于三、四年级的学生而言，体育信息传

播与网络媒体的体育导向对于学生的影响程度是最大的，且影响也是最直接的。

从学生对体育价值影响因素的选择中，可以发现对于三、四年级的学生而言，学生选择信息传播途径影响自己体育价值观念的比例大约占到75%左右，其次是同学和朋友，这个群体大约占到40%，家人和社会的影响大约占到30%，体育课和课外活动大约占到30%。在这次调查中我们发现，在高年级学生当中，男生和女生的体育价值观的影响因素也存在差异，尤其是网络媒体和家庭的影响程度差异性相对比较明显，对于女生而言，家庭对于体育的影响程度较男生高，在网络媒体方面，男生受此影响程度较女生大。对于二年级学生而言，学生对于这几个影响因素的顺序也存在较大的差异性，其中男生受网络和朋友的影响较大，女生受家庭和社会的影响较大，这种差异性说明在学生四年大学体育生活中，学生的体育价值观念伴随着各种影响因素在发生着变化，其中信息传播对于学生的影响度在不断的加深。由此也说明学生对于媒体的接触程度越深，学生的体育思想越活跃，参加体育的积极性越高。可见，在学生的体育价值观念影响中，高校有效利用各种宣传途径来引导学生对体育的再认识是非常重要的。反过来，校园体育文化的建设和发展又会促进体育信息传播的多元化和便捷化，因为学生的喜欢，学生对于体育的关注程度会提高，学生对于体育的认识也就会发生深层变化。这对于校园体育文化建设、学生体育思想培育和体育信息传播三者而言都是互相促进、共同发展的。所以作为高校体育教师，应该积极地利用各种媒体，使它们在学生的培养中发挥积极的作用，激发学生参与体育的热情，使他们对体育有一个更理性和更科学的认识，并能从体育中享受到快乐。

学生参与体育活动的动机往往都来源于学生对体育中的某一个环节的兴趣，所以为了能够实现自己的目标而参与各种体育活动，比如说很多学生通过媒体看到了某一个体育项目明星的赛场风采，就可能对某一个项目的关注度有所提升；再比如很多学生可能以前对跨栏都没有什么了解，但是因为奥运赛事媒体对刘翔的介绍和宣传，使越来越多的人开始关注这个项目，再加上很多学生喜欢的篮球项目就是因为 NBA 的某一个或者某几个体育明星，回到校园中，很多学生对于某一个项目的喜欢可能就是因为运动会当中自己同学的优异表现。所以学生对于体育的信息的接触越频繁，学生对于该项目的喜好程度越高。通过四个年级的调查，我们发现，在学生的体育兴趣培养中，体育信息传播对于学生的影响程度是直接相关的，所以很多学校都把校园体育文化建设和高水平运动队的发展与建设紧密联系在一起，因为对于学生而言，出于对本学校的热爱，学校的体育参赛队伍自然会影响自己学校学生的关注，而学生对于参赛队伍和参赛队员的关注又会让他们对体育的兴趣发生很大的转变。这种培养思路的转变，本身就富含着信息传播对校园体育文化建设的影响。

对于在校学生而言，他们接触到的信息传播途径主要有网络媒体、数字化媒体和报业媒体等几种形式，网络媒体因为传播速度快、访问便捷和时效性较高，所以最受学生欢迎，再加上手机业务的不断扩展，为网络媒体的发展提供了更多的便利条件；报业媒体属于传统媒介，在学生群体中，受重视的程度相对较低；数字化媒体因为学校多媒体技术的引入和快速发展，学生接触也较多，但是对于体育信息传播而言，还是主要依靠网络媒体。调查发现学生对于信息获取有 90% 是通过网络媒体，通过数字化和报业媒体获取的仅仅占到 10%。这就说明，在信息传播中，注重和利用好网络媒体是今后一个时期高校在校园体育文化发展和学生体育价值观念培养方面的努力方向之一。

研究发现，在高校体育文化的建设和传播中，体育信息传播的真实和可靠性对于学生的体育兴趣培养也起到了重要的作用，比如说，对于体育赛事的报道，尤其是对于比赛输赢的报道，信息传播中的导向对于学生对赛事的热情和认识都有重要的影响，正确地引导学生认识赛事、对体育文化有更深层次的认知势必会成为今后一个时期体育信息传播中备受关注的问题，所以作为学校的管理人员，不单要把目光和精力集中在信息传播方式上，在很多情况下，还需要关注信息传播的导向问题，这对于大学生体育方向的培养同样具有重要的作用。当然，对于本校校园体育文化的建设与发展，如果信息传播过程中更多的是涉及本校体育文化活动发展的，那么学生对于此类体育信息的关注程度就会较高，这说明在信息传播内容方面，我们更多的时候需要关注身边的信息，这也给我们的体育管理人员提供了信息，那就是在校园体育文化的发展和培育过程中，持续不断的创造体育信息及信息的新颖性对于高校体育文化的发展是至关重要的。

四、高校新闻传播对校园体育文化传播途径分析

高校体育新闻传播依赖于传播学和体育，同时对校园体育文化的发展也起到积极的推动作用，尤其在传播体育文化、弘扬体育精神方面有着独特的优势。它在休闲状态下潜移默化地影响着大学生的价值观念、行为方向和精神面貌等。因此，研究高校体育新闻传播的文化意蕴具有重要的价值。

高校体育新闻传播的主体是全校师生、员工，其中起主导作用的是学校体育行政管理部门，即高校体育院系和体育部或者体育教研室等。体育新闻传播除了一般新闻传播的共同特点外，还有其自身独特的性质，其传播途径也是包含高校所有的媒体途径，并且体育行政部门还有自己专门的宣传途径。

1. 新闻传播的途径

（1）广播

高校校园广播是高校媒体中最早出现，也是最简单、直接的一种形式，是校园宣传工作的主体之一。校园广播具有信息传播及时、快捷、简短的优势，易被听众

无意识地在课余饭后轻松地接收。尤其是遇到突发性事件或现场直播时,广播的独特优势就发挥得更明显。

（2）宣传橱窗

高校的宣传橱窗是一种简单的宣传媒体,它们的针对性、目的性和时效性特别强,而且十分灵活机动,成本也十分低廉,形式简单并且比较美观,富有创意。可以说宣传橱窗是高校媒体中的活跃分子。它们除了传递内容以外,还会给人以美的享受,反映出高校浓郁的文化气息,是师生、员工课余饭后、休闲散步的好地方,也是校园中一道亮丽的风景线。宣传橱窗,能够加强校园文化建设中的政治导向,营造积极向上的文化氛围。宣传橱窗作为一种机动灵活的媒体,也存在其篇幅小、张贴时间短的问题,很难全面地、持续地对受众施加影响。而且很多橱窗的宣传内容为手工制作,显得比较杂乱,没有专门的管理者,经常还会出现刚贴上去一会儿就被其他的宣传内容覆盖了的情况。

（3）网络

校园网络是一种新兴的高校新闻媒体形式,它具有更新速度快、内容丰富、图文并茂等特点。现代信息技术尤其是网络技术的发展,为高校体育新闻传播提供了现代化手段,拓展了高校体育文化的工作空间和宣传渠道。校园网络目前已经成为高校加强体育新闻传播的一种主流媒体形式。除了充分利用学校校园网首页、聊天室、校园论坛等栏目进行体育新闻传播外,高校的体育行政机构还建立了自己的网页,有着丰富的宣传内容和广阔的宣传空间。随着通信技术的发展和学生消费能力的提高,很多大学生都在使用电脑,电脑在日常的校园体育新闻传播中,可以充分发挥快速传递信息的优势,建立体育新闻平台,向大学生提供一些即时的体育新闻、健康信息、运动方法、注意事项等信息。既可以帮助同学们提高参与体育活动的意识,也显得温馨体贴,使同学们真正感受到大学生活的快乐和幸福。

高校体育新闻传播是社会文化传播的一个分支，其主要目的是引导和规范大学生的体育行为。对于培养大学生适应社会、服从管理、遵守公共道德等素质大有裨益。因此，高校体育新闻传播日益显现出它深刻的文化意蕴和价值。高校体育新闻传播还具有导向功能。导向性是文化的主要特点之一，高校体育新闻传播的具体内容丰富多样，形式多姿多彩。这些丰富的体育新闻传播内容不仅使校园文化活动朝气蓬勃、富有生机，提高了大学生的文化素养，而且对学生掌握多种体育知识和方法起着积极的作用。高校体育新闻传播活动在传播体育信息、造就舆论环境的同时营造了积极健康的校园文化，在抵制不良文化对大学生的侵蚀上也起到重要的作用。高校体育新闻传播倡导科学、健康、文明的生活方式，引导大学生追求健康、文明、高雅的生活目标，这就为大学生排遣精神压力、打发心中郁闷和发泄过剩精力创造了条件，对大学生建立健康、健全的人格起着不可忽视的引导作用。

2. 新闻传播的功能

（1）高校体育新闻传播的教育功能

高校体育新闻传播对大学生的体育观念、生活方式和审美情趣都将产生深刻的影响。因此，高校体育新闻传播必然会表现出明显的教育功能，比如通过生动地报道和宣传优秀人物来教育大学生树立正确的体育观念、弘扬爱国精神、培育体育社会公德等。另外，高校体育新闻传播可以让大学生快捷地获取各种各样的体育信息，以满足他们的好奇心和求知欲，并且可以提高他们对体育学习的兴趣，增强他们对社会的认识。高校体育新闻传播拓宽了大学校园各种体育信息的来源，是现代大学生积极参与体育活动的重要动力源泉。

（2）高校体育新闻传播的激励功能

高校体育新闻传播的主要目的就是满足师生、员工的高层次精神需求，在沟通参与者思想情感的同时，使师生、员工感受到关心和尊重。在培养师生、员工共同的体育行为规范的同时，促进共同的价值观念、理想信念等群体意识的形成，可以使师生、员工产生归属感，从而增强学校成员的向心力和凝聚力。高校体育新闻传播弘扬积极进取的体育精神，深深影响着师生、员工的思想和行为，激励教职员工积极进取、不畏艰难、开拓创新，鼓励在校大学生勤奋学习、努力成才、为学校争光，从而在整个校园形成一种朝气蓬勃、精神振奋、开拓进取的良好氛围。

（3）高校体育新闻传播的娱乐功能

在高校里，教师有着繁忙的教学和科研工作，学生也有着紧张的学习压力，通过体育新闻传播可以有效地消除师生的焦虑与疲劳。一方面，高校体育新闻丰富的传播内容让师生在课余饭后无意识地得到调节，从而消除紧张的情绪；另一方面，高校体育新闻传播通过体育知识的传播，引导体育行为，让师生积极参加校园体育文化活动。校园体育文化带有浓厚的娱乐性，它要求师生亲身参与运动，在愉悦身心的活动中承受一定的负荷，锻炼自己的体能。在校园这个相对"封闭"的生活环境里，体育活动以其娱乐性、趣味性和可选择性的特点，迎合了师生的生理和心理需求，已经成为师生、员工的主要娱乐方式。

第四节　高校体育文化传播中存在的问题

目前中国已经承办了多项大型国际赛事，随着人们生活水平的提高，民众对体育的关注逐渐和养生密切联系起来，人们已经不满足于停留在观看体育竞赛的层面，为了自己的身心健康，越来越多地关注体育、关注运动、关注养生。体育日益成为人们生活中重要的组成部分，而当下体育和体育文化的传播却存在着很多不足，尤其是体育文化传播，存在着明显的发展瓶颈。

一、传播内容、路径单一

体育文化传播在体育盛会之后就会走向沉寂，社会关注低、体育文化信息量很少。运动将体育文化与人们的体育生活紧密联系在一起，同时传统的体育项目也规范和影响着人们的生活方式。早期的体育，大多源自人类初期的游戏，不同的地域和不同的生活习惯，导致人们的游戏形式也有所不同。在人类文明发展的历史长河中，人类不断将游戏的规则规范化和大众化，同时融合劳动生活的技能，久而久之，就作为固定的体育项目流传了下来，就像足球和橄榄球，不论肤色、国籍都可以共同游戏。这样，体育活动作为一种社会文化现象代代相传。随着时间的推移，逐渐形成了极为丰富的体育文化。世界上多个民族都有自己的传统体育项目，这些体育规则也体现着公平，促进了交流，弘扬了民族文化，使人与社会更加和谐，由此可以看出，体育文化也是一个地区或民族的社会文明和物质文明的综合体。

奥运会申办成功，大大激发了中国民众的民族自豪感和自信心。人们对体育的关注也和自身的生活紧密结合起来，社区运动形式也在各级地方政府的关注下有着不同程度的提高。由于环境污染和生活节奏的加快，人们也在关注自身的健康，各种养生方式也在不断被重视，中央电视台和很多地方节目以及网络也有诸多关于养生的节目和相关专题，但由于过于追求效益而出现鱼龙混杂的局面，也有很多负面影响。中国作为一个历史悠久而且多民族融合的国家，精神文明硕果累累，各民族都有自己特有的民族体育，体育文化内容也极为丰富深厚。中国有56个民族，每个民族都在长期的生存和发展中形成了形式丰富、内容独特、富含民族风情和民族特色的体育文化，其不仅在长期的历史演变中滋养着各民族的身心健康，而且作为传统代代相传。当下，我们的体育文化传播却只停留在各种大型体育盛会上，只专注于各种赛事转播，仅限于各种体育新闻传播模式，中国多民族丰富的体育传统盛会和各具特色的体育活动还停留在自娱自乐的层面，相对封闭，不能在全国范围内弘扬，这不得不说我们的体育强国之梦还有很长的路要走。

二、体育文化传播分化较为严重

当前中国的体育文化传播过于集中，除了央视五套是专有的体育频道外，其他频道除了奥运会、亚运会等体育盛会期间基本不涉及体育内容。在中央电视台体育频道和各主要网站的体育频道也都主要是体育赛事新闻和体育名人的娱乐新闻，鲜有体育文化的相关节目。

目前中国的体育文化传播主要集中在中央电视台体育频道，我们打开电视能看到的，除了各种正在进行的各类国际比赛外，就是过往的精彩回放，主要以大家熟悉的体育活动比如乒乓球、排球、足球、篮球居多，多是一些纪录片、广告片。现在各地方频道，多了一些养生节目，但富有地方特色的体育文化活动，我们很少能看到详细的信息，许多是新闻快报的内容。换言之，我们的体育文化传播，主要是要满足体育爱好者的需求。这种单一的竞技性新闻，是体育文化传播功利化的表现，同时也是体育的社会功能弱化的表现。体育文化传播的功利化，导致了体育文化传播被媒体化。在这种功利化的传播途径中，热门的体育项目比如乒乓球、跳水、排球等，因为比赛的胜利和荣誉，取得了更为深厚的群众基础，很受群众追捧，有更多的孩子挤上了热门体育运动的独木桥。较为冷门的比如铅球、冰壶和民族传统运动项目就不断被边缘化。这种传播中的分化，是眼球经济所导致的功利化传播造成的，而且更进一步促进了体育活动发展的两极分化。体育文化学术研究相对各自为政，实际应用研究少。在体育学界的学术研究中，不乏民族传统体育的研究者，但是能够系统并且能与实际结合者相对较少。像潍坊的风筝文化能够被产业化、市场化，被地方政府所重视，是传统体育项目现代化转型的成功案例，在很多地方也被效仿，比如少数民族地区的旅游，很多都是地域传统体育项目。学界研究者多各自为政，很少有综合性的研究，也有很多研究缺乏可操作性建议，难以成为决策参考。

三、研究对策分析

中国体育文化在儒家文化的长期影响下形成了重在修身养性的民族文化内涵。当下在全国构建和谐社会之际，体育文化是和谐社会的重要内涵，体育活动的大众化，需要体育文化走向大众。民间的体育形式丰富多彩，富有地方文化和民族传统。由于传播方式的局限，目前世界范围内的体育传播多是精英体育。只有克服体育文化传播的瓶颈，才能让大众体育精英化，让精英体育大众化。

1. 弘扬体育文化，构建人文体育

在我国的历史长河中，能够向世人展示中国的和谐，离不开体育文化传播的平台。它不仅能够弘扬中国 56 个民族丰富而富有特色的体育文化，而且对于构建人文体育、让体育深入百姓意义重大。体育文化作为一个特殊的文化范畴，有特有的个性和自身的发展变化规律。在人类文明的进程中，健康的生存延续是人类的共同需要，基于此，大众体育文化在教育全球化的浪潮中的推动力最大，影响最为广泛。这是因为大众体育文化给人类带来了健康快乐和归属感，同时也给社会带来了健康和活力。个人的健康有助于家庭的和谐，家庭的和谐有助于社会的和谐，无论中国还是西方，大众体育都是以全面发展和和谐发展为根本的。

大众体育的构建离不开学校体育和社区体育。学校和社区是社会构成的重要单元，也有着强大的民众基础。加强学校体育的体育文化元素，让不同年龄和不同层次的教学单位能够从多角度传授中国丰富的体育传统，让更多的群体认知和了解中国丰富的体育历史和体育文化，从而增强体育教育的人文性，不失为弘扬体育文化的重要路径。同样，加强社区的体育活动，加强体育文化宣传，也能使和谐精神进驻社区。身心和谐、家庭和谐、邻里和谐才能使国家和谐，才能真正实现体育强国的梦想。体者，人本也。奥林匹克的格言是"更高、更快、更强"，它激励青年人奋发向上、超越自我，向着更高的目标迈进。运动员们勇于克服各种艰难险阻，付出辛勤的汗水去争取胜利的意志和品质对人们是一种积极的力量。人在运动中强健身体、愉悦身心，同时能够通过运动提升自身的体能、挖掘自己的意志潜能，这种积极的力量也是社会进步和创造的源泉。

2.完善体育文化传播路径，全民体育、大众体育构建健康和谐社会

构建和谐社会，离不开人的和谐。人的和谐，离不开强健的体魄和健康的精神。体育与人类的生存、发展紧密相连，人类创造了体育，也创造了体育文化。体育文化不仅是竞技运动文化，也在人类长期的社会活动中不断变化，最终体育会走向艺术体育的阶段，即体育所带给人类的不仅是健康，还有艺术的审美情趣，像花样滑冰的柔美、摔跤的豪放、长跑的顽强、短跑的速度、扣球的力量、投篮的精准与果敢等等。艺术体育摆脱了人类求生存的宗教体育文化和强身健体适应环境的科学化和功利性体育文化的特征之后，向着竞技与艺术相结合、形体美与心灵美相结合的形态发展。奥林匹克的最终目的是为建立一个和平美好的世界做出贡献。让所有人了解体育，从而了解不同的民族文化，在了解欣赏的过程中认知世界、包容世界，让世界能够多些平静，把公平公正延伸到人类生活的各个领域，也许这才是体育的本质。

体育文化传播形式和内容的丰富，必然会促进体育活动的民间化。比如乒乓球，在20世纪50年代，在中国还不够成熟时，它曾一度作为中国的外交手段，后来随着国家的重视，在各种比赛中逐渐成熟，历经几十年的发展，终于有了今天的辉煌

成就，同时也走向了全民化发展之路。再有武术，也是先在民间兴盛，中国民间的武术传统形式丰富、类型繁多。每个地区和每个民族都有自己的特色体育传统，在民间的繁盛程度和普及面都很广泛。后随着武打电影的传播而不断地规范化，在正规的比赛中发扬光大，也随着中外影视而走向世界。体育文化有很多传播路径，在现代传播媒介比较丰富的今天，体育可以凭借影视、动漫、游戏、运动会等各种方式进行传播，体育的发展可以凭借现代传播媒介而走得更远。

总之，在现代社会文化传播日益繁荣的今天，文化的吸引力日益成为竞争的核心，无论哪种产业、哪种经济形式，都需要文化的内涵。体育在人类初始阶段就已存在，并且随着人类的进步而发展出独特的文化形态，有着丰富的内涵。体育文化的核心就是身心的和谐，个体生命的和谐必然能够创造更多的社会文明和社会财富。体育文化的传播应走大众审美的路线，体育是大众体育，而不是精英体育。突破传统传播模式，是弘扬体育文化、构建和谐社会的必由之路。

第五节　高校体育文化交流与传播的冲突

高校体育作为学校体育的最高阶段和社会体育的衔接点，在全民健身运动中占有非常重要的地位。但是，目前高校体育与全民健身运动尚存在着一些隐性冲突。通过对这些隐性冲突的分析并基于高校体育的优势，人们提出了促进全民健身运动发展的新模式——更新高校教学理念、人才及场地优势的互补、建立高校与社区间健身网络工程，将高校体育与全民健身运动进行对接，以实现高校体育与全民健身运动的有机结合，达到共同发展的目的。

一、高校体育与全民健身运动的关系

全民健身运动是以全体国民为实施对象，以青少年和儿童为重点的全体国民参与的体育健身运动。而学校体育是国民体育的基础，是提高中华民族体质水平的一个重要途径。

《学校体育学》[①] 指出，学校体育工作应面向全体学生，其主要任务是增强全体学生的体质，促进学生身心健康发展，使其养成经常锻炼身体的习惯。这就要求学校各项体育工作和措施，都应该围绕着增强学生的体质这一根本目标进行安排。学校体育与全民健身事业的发展有着密切的关系，应重视在校学生的健身教育，这对增强我国全民族体质有着重要的意义。

1.全民健身运动对高校体育的要求

《全民健身计划纲要》强调："学校体育是国民体育的基础，学校体育的首要任务是增强全体学生的体质；各级各类学校要对学生进行终身身体教育，培养学生锻炼身体的技能、习惯并成为群众体育骨干。"这就说明：高校体育既要扎扎实实地施行终身健身教育，增强学生的体质，又要广泛地开展大众健身知识的教育，使大学生成为国家建设的专业人才和群众业余健身的骨干与指导力量。

2.高校体育是全民健身运动的战略重点

高校体育是国民体育教育的重要组成部分，是群众体育和竞技体育的坚实基础，是全民健身的战略重点。中华人民共和国成立以来，党和国家一直非常重视高校体育的发展，曾先后颁布了一系列指导性文件，使高校体育工作取得了较大的进展和成绩。有资料表明：中国知识分子的体质健康状况，在中国经济飞速发展的十几年中没有得到改善。在诸多因素中，一个重要的、不可忽视的问题，即我国知识分子对健康与体育意识的淡漠。高校是学生在校期间的最后一站，也是学校体育教育的

---

① 张秀丽，葛新.学校体育学[M].重庆：重庆大学出版社，2019.

最高层次，是学生从学校走向社会的转折点、学与用的衔接点。这一阶段，也是大学生进一步完善体质、发展体能、形成"终身体育"意识及能力的关键时期。而高校体育教学正是这一过程的中间环节，起着承前启后的"桥梁"作用，是全民健身事业的前提与保障。

二、高校体育与全民健身运动的隐性冲突

高校体育的优势，决定了它将成为推进全民健身运动的人才输送中心、健身活动中心和健身科研中心，两者的协同发展是历史的必然。但是，从实践上看，由于旧有体制、传统理论等多方面因素的扰动，高校体育要汇入全民健身大潮尚存在着众多隐性冲突。具体可概括为以下几个方面：

1. 具体目标冲突

高校体育的目标任务是"增进健康，增强体质；传授体育知识、技术、技能，培养体育锻炼的意识、习惯和能力；培养良好的道德意志品质；在普及的基础上提高运动技术水平"[①]。

2. 实施途径冲突

高校体育的实施途径主要是体育教学、课外锻炼、运动训练和竞赛。全民健身的实施途径主要是身体锻炼。虽然全民健身运动中也要采用教学、训练与比赛等形式，但毕竟处于一种为"锻炼"服务的从属地位，尚不足以称之为"主要途径"。当前，全民健身在高校的实施主要通过课外体育锻炼进行，而课外锻炼在高校体育实施的途径中充其量仍只是一个"配角"，其安排与指导尚需增加力度。

3. 内容冲突

从总体来看，高校体育的内容是以运动技术的传授、学习与运用为主，以全面性、规范性、教养性著称。全民健身运动也包括运动技术的练习，但主要是以健身

---

① 冯治隆，成凤仙.高校体育理论教程[M].北京：中国林业出版社，1999.

性、实用性、趣味性为其特点。另外，全民健身所包含的内容比高校体育要广泛得多，健身方法的选择因条件、兴趣的不同而异，并无严格的划定。当前高校体育不具备这种功能，学生选择身体锻炼内容的余地较小。内容上的单一、缺乏弹性，是影响学生健身的重要原因之一。

4. 组织形式冲突

高校体育教学、运动训练和竞赛，以及早操、课间操等，均是有组织的集体性活动，有严格的组织约束，有固定的教师指导、时间安排、场地保证等。而以个体形式为主的全民健身体育没有严格的组织形式，也无固定的锻炼模式，以随意性、个体性为其特点。这是高校体育与全民健身体育显著的区别之一。

5. 实施条件冲突

高校体育与全民健身运动的顺利发展得益于场地器材、时间、师资和经费等客观条件。高校体育较之社区体育、家庭体育等拥有较优越的客观条件和实施保障。但从学校范围看，这些有限的客观条件，尤其是经费开支与师资指导力量，一旦满足了教学、训练、比赛的需求之后，能用于学生健身活动的几乎所剩无几。可见，在高校中推行全民健身在实施条件等方面同样存在矛盾与冲突。

6. 效果评价冲突

衡量高校体育与全民健身运动的发展水平，其最终标准仍然是实际效果。高校体育的教育性与多目标性决定了它的效果评价的多指标化。除了看学生体质增强程度这一主要指标之外，还要看它的教学、运动竞赛、群体活动及科研水平、体育地位等评估参数；而全民健身的效果评价指标归根到底只有体质与健康水平。由此可见，高校体育工作的多面性与复杂性，导致效果评估的模糊性急剧增强。而全民健身运动的效果评估却要简单、客观、精确得多，因此可对其进行颇为精确的定量评价。

三、高校体育与全民健身运动的对接

1. 全民健身运动呼唤高校体育的协助与支持

随着人们生活水平的显著提高，消费结构也在不断变化。据有关专家预测，新世纪未来 15 年，将是休闲业发展的时代，通过体育休闲，健身的意识将随着生活水平的提高和全民健身宣传力度的加大而不断深入人心，花钱买健康的思想也将日趋强烈，以社区为主体的全民健身热潮呼之欲出。但作为发展中的大国，我国体育设施场馆建设的不足与分布的不合理以及专业指导人员的匮乏，严重影响着全民健身计划的实施和群众参加体育活动的积极性。要改变这种状况，有效的途径之一是紧紧依靠社区范围内的大、中、小学校。学校体育，尤其是高校体育具备体育锻炼场地器材集中、人才集中及健身锻炼技术、方法科学化的优势，若参与到社区体育中，协助其发展，可以弥补我国现阶段社区体育存在的不足，同时对高校体育的发展也可起到促进作用，达到"双赢"的目的。

2. 高校体育与社区全民健身运动对接的有效途径

（1）高校体育教学理念的更新

原有的高校体育教学内容多为竞技体育项目，这与学校体育归属于社会体育的范畴相违背。高校体育的教学内容应进行改变或进行适当的调整，新开设一些群体项目，或将一些竞技类项目的强度、难度及规则进行适当调整，降低原有的标准，使其内容更接近群众体育。高校体育教学还可以采取"请进来、走出去"的教学方式，让学生多参加校外的社区体育活动实践，从中体会到社区体育的娱乐性、健身性、休闲性，从直观上了解社区体育。特别是体育专业的学生，通过这类活动可以将所学到的知识运用到实践中，全面提高自己的专业水平，并对社区的全民健身运动有比较清晰的认识。

（2）专业指导人员的交流

社会体育指导员的缺乏以及水平偏低成为制约社区全民健身运动开展的主要因素。目前，我国体育指导员的培训工作主要由体育院校承担。这种培训机制充分利用了体育院校的管理、教学、科研、场馆设施等优势。培训工作开展以来，体育院校为全国培训了数以万计的社会体育指导员。然而，对于我国人口众多及群众日益增长的健身需要，这些培训无疑是杯水车薪。那么，分布在全国各地的众多高校体育教师就成为一支可以借助的、强大的群众健身活动的指导力量，他们可以面向社会开办各种培训班，如太极拳、武术、舞蹈、游泳、体操、球类、气功、健美操等，为社会培养科学健身指导的骨干人才，还可以走出校园开展社会实践，为广大社区居民直接提供健身服务。

（3）场地设施的互通

据有关资料显示，目前学校的体育场馆、设备及器材占全社会总量的70%。在当前我国城乡社会体育设施跟不上整体发展的情况下，开发高校体育场馆设施及运动器材的优势资源，既是现阶段开拓高校体育资金来源的有效方法，又对促进全社会体育事业发展，缓解城乡、社区建设中体育场馆设施供需紧张的矛盾具有重大意义。在日本的社区体育组织中，本社区高校体育场地设施利用率达58.5%。因此，在不影响校内正常教学秩序的前提下，利用节假日将闲置的场馆设施向社区居民开放，在一定程度上满足了群众参加体育锻炼的需要，并可产生积极的社会效益和一定的经济效益，形成高校体育与社区全民健身运动协作、共同发展的良性关系。

随着21世纪新一轮中国教育改革序幕的拉开，改革的浪潮也势必席卷学校体育工作。为现代化社会培养更多的适应社会发展的高素质人才，社区体育和学校体育担负着同样的使命。因此，城市社区全民健身运动与高校体育的结合发展是一个

"双赢"策略。对社区而言，解决了目前开展活动的组织人员、奖金、场所匮乏等难题；对高校来说，也是一个促进，既提高了学生的整体素质，也强化了学生的体育意识，从而更好地促进了全民健身运动的蓬勃开展。

第四章 高校体育文化建设

高校体育文化作为校园文化的一部分，是一种有深刻内涵和丰富外延的社会文化现象，是大学生在进行校园体育实践中形成的物质和精神财富。校园体育文化是高校体育工作的重要组成部分，在素质教育中有着不可忽视的作用，应重视和加强校园体育文化建设。

第一节 高校体育文化精神建设

体育精神是一种内在的精神力量，体育精神存在于校园体育活动的方方面面。在信息社会，信息技术的应用使得信息传递速度加快，也为体育精神的传递增添了新的活力。

一、对高校体育精神的认识

体育精神是一种文化意识形态，是通过体育运动形成并集中体现出的人类的力量、智慧与进取心理等最积极意识的总和，是体育运动的最高级产物。它从文化角度反映了人类自身的崇高。体育精神的魅力在于它能够产生较强的鼓舞力、感染力和征服力，而使其成为体育本身所特有的最积极的教育因素，进而能够指导和影响人类的生活方式和体育实践。体育精神的展现，是运动技能、技巧和多种优秀心理品质作用于运动的身体之后的升华。

1. 高校体育精神的含义

校园体育文化是指体育文化在校园这个特定时空环境中的存在形态和发展方式。高校体育精神则是指一定历史阶段中，在校园体育文化建设中积淀、整合和提炼出来的，反映高校体育文化的行为准则、价值观念和意识的总和，是校园人的体育精神生活方式和意识形态的反映。一般说来，高校体育精神包括以下含义：

（1）科学精神

高校体育的科学精神，体现在高校体育教学与训练、活动与比赛中按规律和制度办事，不能盲从。并要认真地分析和研究，对那些符合先进文化本质和发展规律的校园体育活动，要积极总结、归纳，集中推广，力求以此构筑校园体育文化的主旋律。

（2）求善求美精神

求善主要体现在世界观、人生观、体育道德观等方面的价值判断上。高校培育出的人才，应该具有一定的历史使命感、正义感、正直的品质和一种爱校建校之心，一种团结互助、为人民服务的思想意识；求美，主要体现在审美实践上，要求师生培养正确高雅的审美意识，引导人们按着美的规律来规范校园生活的全部（包括体育环境美、体育行为美、体育思想美等），使得整个校园洋溢着体育美的气息。

（3）团结拼搏的精神

争先创优精神主要体现高校师生在体育训练中不怕困难和挫折，具有坚强的毅力；在体育比赛中团结拼搏、勇于竞争、善于竞争，并力求争先创优。团结拼搏、争先创优精神的发扬既可以使校园充满生机和活力，又可以使师生、员工形成一定的个性、形成一种催人向上的心理机制。

（4）创新精神

高校体育文化是人类优秀体育文化的成果总结、继承和传播，是在继承基础上的创新。作为高度知识密集和智慧卓越的高校校园，师生企望创造新的体育文化，以符合时代发展的需要。创新精神是校园体育文化的一种综合体现。

（5）健康第一的观念

"体者，载知识之车、寓道德之舍，无体便是无德智也"[①]，这是毛泽东在青年时期用自己的亲身体验写下的具有辩证法意义的警句。强健的体魄是服务社会、贡献国家、实现理想的基础条件，是实现人的全面发展的重要方面。学校的主要任务是要培养社会主义现代化事业的接班人，因此必须树立健康第一的观念。

2.高校体育精神的特性

①鲜明的时代性。高校体育精神是高校所处一定历史时期的时代精神和时代风貌的具体体现。因此，一所高校的体育精神，必将随着人类社会的重大变迁和高校的发展而发展变化，高校体育精神应该与时代精神相一致。

②稳定性。高校体育精神一旦形成，便具有一定的相对稳定性。这种相对的稳定性使人们的体育思想、体育意识和体育行为得到了一定程度的维系、巩固和规范。校园体育精神的相对稳定性，也标志着对民族传统体育文化和学校传统体育的继承和发扬，体现了优秀传统体育和时代精神的交融。

③个性特征。高校体育精神所具有的个性特征，是一所高校的体育精神区别于另一所高校体育精神的根本所在。高校之间存在的历史传统、性质、具体工作的指导思想、学校所在地区的体育文化环境等方面因素的差异，就会带来不同学校的师生在体育传统观念、体育行为方式等方面的不同. 从而产生出一所学校特有的校园体育精神。

④渗透性。所谓高校体育精神的渗透性，是指高校体育精神能够发生辐射，渗

---

① 毛泽东.体育之研究 [M]．北京：人民体育出版社，1979.

透到学校教学、科研、管理等各项工作之中，渗透到师生、员工的一切活动之中，渗透到人们思想政治、价值观念形成的过程中。从而影响和引导高校师生、员工和高校体育文化的发展。它还可能渗透到校外的社会生活中，从而实现高校体育文化对社会和社会文化的辐射。

3. 高校体育精神的价值取向

（1）先进性

高校体育是高校校园文化的重要内容，从价值观上看主要反映在校园体育精神上，它是校园体育的灵魂。与此相适应，校园体育精神价值取向先进性就是看它是否面向现代化、面向世界、面向未来，是否是民族的、科学的、大众的。相反，那些带有迷信、愚昧、低俗、颓废、庸俗等色彩的校园体育的行为准则、价值观念和意识形态，则是落后的，会危害和影响校园体育开展和校风、学风建设的价值选择和评价。

（2）科学性

科学是相对一般概念而言的，高校体育精神价值取向的科学性是指它的选择和评价不偏颇、不唯上、不迷信权威、不盲从、不执迷。高校体育作为校园文化的重要内容，要彰显体育的魅力和凝聚力，但决不能为此疯狂或执迷，而要理性地、认真地分析和研究，那些符合先进文化本质和发展规律的校园体育活动，要积极总结、归纳，集中推广，力求以此构筑校园文化的主旋律。

（3）增进健康

增进健康是体育永恒的主题。在我国，人们对校园体育理解的差异，造成校园体育的功能和价值取向的异变。学校体育的唯技术、唯规范思想，削弱了体育增进健康的功能和作用，也扭曲了校园体育精神价值取向的选择和评价。然而，随着素质教育的实施和对校园体育功能的不断开发，校园体育所提供的多姿多彩的身体活动和娱乐方式，已使校园体育活动成为校园人增进健康的至关重要的手段和方式。因此，以人为本、增进健康是新世纪校园体育精神的核心价值取向。

（4）促进个性完善

一般说来，个性结构包括个性的倾向性、能力系统和自我调节系统等基本要素，这个结构的完备与否，将直接关系到个体身心能否全面发展和提高社会适应能力。高校体育活动是群体性和独立性相互交织的文化活动，而参加体育活动的人，无论在个人竞技还是在群体比赛中，体力的改善和技能的获得、同伴的赞许和肯定，都会使参与者产生积极的情绪和由衷的满足感；长处和弱点的暴露，也同样会使参加者自我意识增强，从而也激励自我不断地战胜困难、挑战极限，并在校园体育活动中进行调整，这个过程是促进个性完善和发展的过程，也是校园体育精神的宗旨所在。因而，校园体育精神价值取向就在于促进个性完善。只有满足了个性完善，使之得到全面发展，才谈得上健康，才谈得上适应和创造，才是素质教育的具体体现。

二、体育精神对体育文化的发展所起的作用

体育精神进入体育教学，将促进体育课程改革，一改以往单调而枯燥的传统体育教学模式，采用轻松活泼、形式多样的体育教学方式、方法，增强学生的体育意识，促进广大青少年学生的健康、素质全面发展。因此，体育教学必须以人为本，树立体育精神的观念，让学生深刻认识到参与体育运动的最高价值理念，使我国青少年能够真正科学、有效地投入到体育运动当中去，让体育为他们今后的学习、工作、生活带来终身收益。

1.体育精神对体育教学的作用

（1）体育精神是爱国主义最具活力的载体和最鲜明的表现

体育作为一种文化，与爱国主义有着天然的联系。每个运动员都有自己的理想、

信念和动力，都有自己为之奋斗的座右铭，但其中有一条是中国几代优秀运动员共同拥有的最宝贵的精神财富，那就是为国争光、为民族争气！20世纪30年代刘长春"单刀赴会"；50年代容国团、侯加昌、王文教等一大批有着强烈民族责任感的运动员、教练员从国外返回祖国，为振兴与发展新中国体育事业做贡献；60年代中国运动员登上世界最高峰——珠穆朗玛峰；80年代洛杉矶奥运会中国体育健儿实现金牌零的突破；90年代中国提出申奥震惊了世界；容国团的"人生能有几回搏"；蔡振华放弃国外丰厚待遇和安逸的生活，毅然回国，在中国乒乓球运动最需要他的关键时刻挑起重振国球的重担，并连创辉煌，等等，无不是为国争光的爱国主义精神在中国体育战线上的生动写照。

（2）激发学生社会情感

由于体育运动具有竞赛性、对抗性的特征，竞赛结果又有不确定性，因此，它不仅能引起广泛的社会关注，而且能够使人们产生强烈的情感刺激和情感体验，调整失衡心态。因此，体育教师应运用体育课自身特有的教学特点，营造比赛氛围，让学生在不知不觉中意识到人与人之间团结合作、相互理解的重要性，同时激起学生积极向上的心理体验和社会责任感。体育教师通过体育课堂教学中设计的各项有计划、有目的的组织活动，不仅要向学生传授体育知识技能，更重要的是要在潜移默化中培养学生的集体责任感、奉献精神和团队精神，从而使学生懂得国家利益、社会利益和集体利益高于个人利益，只有具备良好的社会情感，才能成为对国家、社会、集体有益的优秀人才。

2.提高学生的心理素质和社会适应力

（1）体育有助于培养合作精神

合作是建立在团体成员对团体目标统一认知的基础上的。在合作的社会背景中，个人所得有助于团体所得。现代社会需要合作精神，一个人的力量微不足道，一个人要想在社会中取得成就，就要与他人合作。合作能力既是体育活动参与者必备的素质，也是通过体育活动需要发展的一种能力，体育教学对学生合作精神的培养具有积极的意义。

（2）体育锻炼有助于形成竞争意识

竞争是体育运动的主要特征之一。在体育运动过程中，时时处处都充满着竞争，既有对自己运动能力的挑战，也有与他人的争胜；既有人与人之间的竞争，也有团体与团体之间的竞争。现代社会竞争日趋激烈，努力培养竞争意识和能力有助于学生走出校门、走向社会后很好地适应社会。

（3）体育精神能够使大学生受益终生

大学生正处于人生最具活力、生气的阶段，活泼好动、勇于尝试，通过对大学生进行体育精神教育，有助于大学生克服怕苦怕累、意志薄弱、任性等缺点。学校体育教学除了培养学生良好的体魄、强健的身体，更要借助学生的体育兴趣，培养良好的集体主义精神、拼搏进取精神、竞争精神、艰苦奋斗精神和创新能力等体育精神，这将使大学生终生受益。

3. 体育教学与体育精神

丰富多彩的体育运动尽管其技术手段、比赛方法、胜负的形式各不相同，但其基本的体育精神却是相同的。大学生投入到体育运动中就已经开始接受体育精神的影响和教育，受到体育精神的熏陶，改变和塑造着自己的人格精神。

①体育教师要培养学生树立体育精神的意识，认识到体育精神对学生人格形成所起的重要作用，把体育精神的教育贯穿在整个教育过程中，时时刻刻充分利用体育精神培养学生的人格。

②细读精研教材，挖掘、提炼教学内容之间的体育精神。

③教学过程中，体育教师要用适当的教学方法和手段，培养学生的体育精神，

注意教学细节对学生体育精神的教育。在深化教学改革的时代，体育精神的培养是体育教学的一个高层次的战略目标，所有的体育教师都应在体育精神的挖掘、提炼上，在体育精神教育的内容、教育方法和手段上狠下一番功夫。

三、高校体育精神建设的途径分析

1.营造良好的体育文化氛围，发挥体育精神内隐式教育作用

体育精神是社会文化的一种，体育精神对人的影响是一种潜在式的，能在无声无息中形成一种渗透力量，大学生所受体育精神的影响不仅发生在体育课程中，在大学生的日常生活中也会有影响。对于大学生而言，处于一种良好的体育文化氛围中，能够激发大学生主动锻炼的自觉性，培养他们对体育的热爱，让大学生在体育锻炼中获得情感和精神的升华，进而达到文化教育的目的。国内有不少高校在倡导"我运动、我健康、我快乐"的体育运动理念，在体育活动中，大学生体会到这种理念的精神实质，为体育精神的传递和培养提供了机会，体育精神也为形成正确的校园文化起到了促进作用，特别是在促进大学生形成良好的体育锻炼习惯和健康的生活方式上，体育精神有着良好的促进作用。

2.创新教育方式方法，将体育精神内化为自觉意识与行为

布卢姆将教育目标划分为认知、情感、动作逐步递进的三个层次。他认为教育目标的最高水准是把体育活动看成是人的自身价值的体现，他认为体育精神是通过体育活动将这种精神内化为人的情感，并对人的行动做出指导，成为人的精神支撑。因此，体育教育的方式、方法也需要进一步完善，可以在体育教育活动中激发大学生的学习热情，让大学生能够主动地去感悟生活。从目前的情况来看，体育精神主要是在体育活动中才能得到体现。高校举办的运动会、社团活动等，都可以为大学生提供健身的动力。但是体育活动并非展现体育精神的唯一途径。比如人们越来越

依赖于即时通讯工具，如 QQ、微博，大学生在虚拟空间中所花费的时间很多，可以更好地利用这些工具。比如建立体育专用微博，在微博中植入健康生活的理念，这种易于被学生接受的方式，可以更好地让大学生感受体育精神，而且这种做法有助于体育精神的内化。

3. 将体育精神培养纳入校园文化建设体系，形成工作长效机制

在我国，体育在整体教育体系中的地位是比较低的，很多家长受传统观念的影响，认为学生进行体育活动的目的就是锻炼身体，不是为了在体育方面取得什么成绩，更不会考虑体育对学生精神层面的影响；但是在西方国家，中产阶级家庭对于孩子的培养中，包括体育锻炼，而且他们对于孩子的体育锻炼是有目的性的，希望通过体育锻炼促进孩子的竞争意识，使他们能够形成一种必胜的信心和勇气。与西方国家相比，我们在体育教育上缺乏精神层面的教育，过于重视体育的健康性能。大学是培养人才的地方，体育精神对于培养大学生拥有健康的心态、形成正确的校园文化都是有益的，但是培养体育精神是一个长效性的活动，不可能速成，需要学校在进行校园文化建设时将体育精神纳入校园文化建设中，不受传统观念的影响，将体育精神融入校园文化，形成人人讲体育精神的校园文化氛围。

4. 构建体育活动价值体系，彰显体育精神价值

体育精神是在大量的体育活动中得到体现的，体育精神的表现形式比较抽象，所以大学生在把握体育精神时需要注意进行区分。虽然很多学校都组织各种体育活动，但是在热闹的体育活动中，有时大学生并没有领会到体育活动的深层价值，大家都知道体育精神是在体育活动中得到体现的，但是在进行体育活动时，很少有学生会考虑到体育精神，并进行深思，所以大学生的体育精神要想得到提升就很不容易。体育精神需要细化，然后再将体育精神和体育活动结合起来，是一种比较可行的方式。我们常说的"重在参与"最早是由奥运会发起人顾拜旦提出的。这里的参

与是指参与体育活动，有试试看、体验一下的意思，这种参与体现了对体育活动的主动探索性，在参与的过程中，发挥自我潜能。顾拜旦认为放弃参与，就是放弃发现自我的机会。体育精神注重的是参与，是体验，不是通过语言讲道理，而是体验后获得经验和道理。大学生本身是不同的个体，由于知识、经验的不同，对体育精神的领悟能力也有差异，所以，可以对体育精神进行细化，在此基础上形成体育活动价值体系，这对其是十分有益的。

此外，体育比赛中的企业与俱乐部联盟本质上也对体育精神的培育有着促进作用，所以说，多元化的方式融入体育精神培育工作中，可以使体育精神更有活力。总之，大学生的日常生活和体育精神是有密切联系的，体育精神是塑造大学生爱国、爱家思想的重要力量，把高校的校园文化建设与体育精神的培育结合起来，是大学生发展的需要，也是"以人为本"思想的体现，而现在提倡大学生全面发展的理念，更需要将大学生的体育精神培养放在重要位置。

第二节　高校体育文化物质建设

校园体育文化是校园文化和体育文化的交叉，是指在学校这一特定环境里，全校师生在体育教学、课外锻炼、群体竞赛、场馆设施建设等活动中共同创造的物质财富和精神财富的总和。校园体育物质文化是人们通过感官可以感受到的一切物质性对象的总和，是在高校体育发展过程中积累下来的外在物化形式的统称，它包含体育场馆、体育设施、体育器材、体育雕塑、体育宣传设施等。可以说校园体育物质文化建设是高等教育人才培养过程中的重要组成部分。

一、高校体育物质文化建设的现状

1. 体育经费的现状调查

体育经费可以说是高校体育文化最基本的物质保障。调查显示，目前多数高校的体育经费的划拨视具体需要而定，体育经费的使用主要是购买体育仪器和设备、维护和建设体育场地设施、添置体育服装器材和体育图书音像资料，及春季运动会和冬季运动会的训练、比赛、奖励等。

2. 体育场地设施的现状调查

近年来，高等院校为了加快发展，纷纷加大各个学科的软件、硬件建设力度。体育场地设施作为高等院校校园环境建设的醒目亮点，体现了学校办学的综合实力，各校领导越来越重视对体育场地设施的修建和改善。但是由于高校不断地扩大招生，使本来人均面积就少的体育场馆越来越不能满足体育教学和学生课外体育活动的需要。数据显示，"211"高校的体育场馆数量多、质量好，但是为了延长其使用寿命，许多高质量的体育场馆只能在校队训练或举办比赛时使用，不能作为日常教学用的场地。普通高校的体育场馆设施数量较多、质量较好，基本可以满足日常教学和学生课外活动的需要，独立学院和高职、高专体育场馆现状较为类似，体育场馆数量较少，使用率却相对较高，这一方面显示出体育场馆数量难以满足其体育教学和课外活动的需要，另一方面说明持续地使用会加大体育场馆的耗损，学生和教工的满意度自然不会高。

3. 体育运动器材的现状调查

数据显示，多数"211"高校和普通高校的师生认为学校体育运动器材数量较多、质量较好且基本够用，独立学院体育器材的数量和质量稍好于高职、高专，能够基本保证使用，但是质量较差，限制了教学和训练的质量。另据调查显示，各类高校的体育运动器材主要用来保证教学和训练的使用，并未向学生提供课外体育活动所需的器材，有的师生认为这样的管理并不合理。

4. 体育图书音像教材资料的现状调查

数据显示，"211"高校和普通高校的体育书刊资料基本能够保证教学和学生阅读的需要；独立学院的体育书刊资料质量一般，已不能满足大部分学生的需要；高职学校没有体育书刊资料室，体育书刊资料质量差，不能满足师生的需要。调查还显示，大部分高校的图书馆中体育专项书籍较少，且内容比较陈旧、阅读价值小，特别是独立学院和高职院校对体育图书资料的重视程度不高，资料不齐全、管理较落后，师生查阅体育资料较困难，给科研和教学带来极大的不便。

5. 体育宣传设施的现状调查

数据显示，四类高校基本都有宣传栏，可以发布包括体育信息在内的各类信息。例如，有的"211"高校有象征体育精神的火炬雕像。这种代表体育的雕塑无声地传播着体育文化，使置身在校园中的个体时刻感受到体育精神的鼓舞。

二、高校体育物质文化存在的问题与不足

1. 体育物质文化发展不平衡

随着高等教育改革的不断深入，高校的各方面建设都需要大量的资金投入。但是，当前高校对校园体育物质文化的资金投入往往被推后或被忽略。而且，高校体育物质文化的发展水平还受到学校所在地的经济发展水平、城市的规模及学校的规模、层次等因素的制约，这就导致各级各类学校体育物质文化发展的不平衡。在部分经济较发达地区、一些高水平大学、一些新建或新迁校址大学，学校的体育物质文化发展较快，而部分经济落后地区、普通大学、独立学院和高职、高专等学校，体育物质文化发展则相对滞后，表现为：体育场馆设施陈旧，体育器材、设施数量不足，体育宣传设施和体育图书资料较少等，满足不了基本的教学及各项群体活动

的开展的需要。相比而言，"211"高校和普通高校用于体育工作的专项经费相对较多，体育硬件设施较好，教师和学生的满意度较高。而独立学院和高职、高专在体育基础设施建设方面明显落后于"211"高校和普通高校，说明独立学院和高职、高专没有充分重视体育物质文化建设在校园文化建设中的重要性。

2.体育物质文化建设理念的偏失

我国一些高校虽然经济实力不及欧美发达国家的高水平大学，但是动辄花费几千万元甚至几亿元建造高标准的大型体育场馆，挤占了学校有限的办学资金。还有许多高校只考虑体育场馆的竞技运动功能，而没有将教学、健身、娱乐的理念运用到体育场馆的建设和改造中，结果由于场馆建造标准太高、维护费用过高，只能限制进馆时间和人数，或者采用收取高额费用的办法进行补偿，造成高标准体育场馆的闲置、浪费。

3.高校扩招对体育物质文化建设的影响

近年来，我国高等教育大力倡导多种教育方式并存的形式，特别是加强独立学院和高职、高专的教育投入力度，这无疑为我国高等教育事业的发展带来了新的机遇和挑战。一些学校易地重建或加强校园基本建设，规划和设计新的体育场馆设施，这无疑实现了校园体育物质文化建设跨越式的发展。但是大多数高校只能挤占有限的体育活动场地来满足扩招后的教学和生活用地，导致有限的体育活动场地满足不了日益壮大的学生团体的运动需求，给高校的体育课教学和其他体育活动的开展带来了诸多影响。新建体育场地设施由于涉及政策、征地、资金、工期等因素，短时间内难以弥补扩招带来的供需矛盾，这种现象在独立学院和高职、高专院校中表现得尤为明显。

三、高校体育物质文化发展策略

1. 改变观念，加大高校体育物质文化建设力度

各类高校应根据自身的实际情况加大校园体育物质文化建设的力度，这不仅仅是要加强体育硬件设施建设，而且还要挖掘硬件设施中蕴含的人文价值。体育场馆、塑像、宣传栏等物质载体本身就是一种文化现象，它凝聚着人类的智慧，体现着人类的价值观。这些外在物质实体所承载的文化内涵对学生的思想起到了良好的陶冶作用。而且，在进行校园体育文化建设时，应该坚持继承原则，不断创新和发展，吸纳中外体育物质文化的精华，体现出时代、民族的特点和教育的特色，使体育硬件设施建设不仅体现现代化、高科技的特点，更能成为弘扬民族和传统文化的载体。

2. 实现多元化发展，使社会效益与经济效益有机结合

学校应向广大师生、员工提供大量充足的体育活动场地设施，以便使他们拥有健康的身体、旺盛的精力和良好的健身习惯，从而更好地投入到教学和学习中去。这样健康向上的学生毕业后，走向社会和工作岗位，不但会对社会做出更大的贡献，而且会提升高校的声誉，吸引更多的优秀人才到高校中来。在此基础上，在课余时间把闲置的体育场地通过有偿服务的方式面向社会开放，吸纳一部分资金用于维护和管理场地，可以有效地缓解体育经费不足的压力，达到社会效益与经济效益相结合的目的。

第三节　高校体育文化制度建设

一、高校体育文化制度建设的必要性

建设健康向上的高校体育文化，不仅是高校校园文化建设的需要，同时对提高大学生体育文化素质、增强体质，培养其终身体育思想，促进体育和校园精神文明建设都具有积极的作用，是值得高校工作者探讨和研究的课题。近几年来，随着高校体育地位和师生重视度的逐步提高，高校校园体育文化建设有了长足的进步。高校开展了形式多样的体育文化活动，使学生的参与积极性有了很大提高，不仅促进了学生的身心健康，而且对培养学生的体育意识和运动能力起到了积极的作用。但是，在进步的同时也存在着一些问题和不足。独生子女在高校中的比例较高，他们具有爱享受、怕付出的不良观念，在体育运动中碰到困难就畏惧不前。还有很多学生集体主义观念不强，不愿参加集体活动，一旦失败就相互埋怨，经常出现与队友不和或消极参加运动的情况。

1.高校体育管理中间环节薄弱

我国高等教育在宏观管理上制定了体育管理方针，也有相应的目标和评价机制，要求高等学校要努力构建学校体育与终身体育紧密衔接的课程体系，提高学生的体育意识、健身能力和欣赏水平，促进学生全面发展。但由于缺少相对具体的管理方法，因此需要把体育的管理和执行权下放到各高校。我国普通高校体育管理组织结构存在的问题，主要在于学术管理和行政管理混淆不清、层级结构不够科学、基层组织形式单一、开放性较弱、与外界的交流渗透不足等。

2. 高校体育运动没有成为高校学生的自觉行为

高校体育在国内已经步入正轨，但同时还存在着一些因素使得高校体育的发展受到不同程度的阻碍。当前大学体育教育存在学生体育兴趣不足的问题。许多高校体育运动只在少部分喜爱体育运动的学生中自觉进行，多数学生对体育课程的修学仅以修满体育学分为目标，或者将体育课看成繁重的文化课学习间放松休息的时间，体育运动没有成为高校学生的自觉行为。

3. 高校体育社团管理组织水平亟待提高

体育社团是大学校园中最活跃的学生社团，是高校学生社团的重要组成部分，对丰富学生的业余文化生活起到了很大作用。但是，高校体育社团在快速发展的同时，因其缺乏管理等相关知识，学校又没有进行必要的指导和培训，使其不可避免地存在着组织松散、管理水平低、发展目标不明确等各种各样的问题。

4. 高校内部体育管理效率低下，管理机制落后

高校内部体育管理体制机构缺乏灵活性，也缺乏与其他部门的协同性。我国大部分高校体育管理实行的是高校行政管理部门直接指挥为主，高校体育管理部门在一定范围内自我调节为辅的管理模式。这种模式较少考虑高校体育与社会体育的关系，也较少考虑高校体育管理与高校管理之间的联系和协同，使学校体育场馆、器材管理也相对滞后。

二、学校内部管理机制具体的建议

学校管理是一项复杂的系统工作，需要调动一切可以运用的资源，构建全方位的保障机制，保证体育管理的质量。

1. 树立以"健康第一"为主导的高校校园体育文化思想

高校体育工作者和管理者应该认识到建设高校体育文化是高校工作的重要组成

部分，要拓宽学生的体育文化视野，培养其积极健康的体育精神。

2. 加强体育管理组织体系的建设

加强体育管理组织体系的建设应从两个方面予以考虑：一是建立起学校体育管理与外部环境的联合机制，主要包括与校外单位和校内非体育部门组成具有协调配合职能的组织机构，对高校体育工作从宏观上进行有效协调；二是建立结构合理、层次清晰、高效有序的高校体育管理执行机构，细化高校体育管理的组成部分，实现科学有序管理。

3. 充分发挥学生在高校体育文化中的主体作用

充分发挥学生在高校体育文化中的主体作用，必须以学生为中心开展相应的体育文化活动。高校的体育活动应该保证体育活动项目多样化和体育活动生活化，根据学生的特点，体育活动的形式可以小型化，并做到不同人群体育活动的差异化。

4. 积极开展高校体育竞赛活动

高校通过开设高水平的传统体育项目，形成有自己特色的体育传统，这样才能提高学校体育的影响力，适应 21 世纪高校的发展潮流。高校还要结合本校的实际状况，开展校内的体育竞赛活动。广大师生参与体育竞赛活动，将极大地改善大学校园的体育文化环境。

5. 规范体育俱乐部的组织管理

高校应将体育俱乐部作为一项专项工作来组织。体育俱乐部的组建并不会削弱体育课的基础地位，体育俱乐部应由学校管理人员、专业教师和学生共同管理和运行；体育俱乐部不能成为一个休闲娱乐组织，而是具有具体管理职责和任务的全校性官方的组织。参加体育运动的学生和教师要有备案制度，相应的档案资料要作为师生的考评资料。

6.提高高校体育设施的利用效率

高校应建立体育场馆和设施良好的经营和管理体系，必须重新对传统的封闭的经营方式进行改进，引进先进的管理模式及经营方式，并对社会进行有偿开放。学校应掌控体育场馆的经营模式，减少微观上的政策干预，调节有关部门之间的经济关系，调动体育场馆的管理人员的积极性，以此推动高校体育场馆的利用率以及服务水平。

三、高校体育管理制度的原则和方法

1.高校体育管理的原则

根据学校体育工作的特点与规律，学校体育管理的基本原则又分为整体性原则、周期性原则、有序性原则、规范性原则、教育性原则和有效性原则。

（1）整体性原则

学校体育管理的整体性原则包括两层含义：

①学校教育管理是一个有机的整体系统，它由若干个子系统组成，按工作任务可以分为智力教育管理、道德教育管理、体育教育管理等子系统。学校体育管理作为学校教育管理的子系统，首先应服从并服务于学校教育管理这个整体，处理好局部和全局的关系，使之与学校教育管理相适应，为培养德、智、体全面发展的一代新人做出应有的贡献。其次，学校的领导者和有关部门、组织的人员，也应该处理好全局与局部的关系，在抓学校教育管理的时候，将体育管理列入其中，使学校体育管理在学校教育管理中有相应的位置，并给予应有的重视和关心。

②学校体育管理作为学校教育管理的子系统，它自身又是一个由若干个更小的子系统组成的整体系统。就学校体育管理的内容，可以分为体育教学管理、课外体育活动管理、运动队训练管理、体育竞赛管理等子系统。这些子系统虽然各自管理

对象的内容与特点不同，所采用的管理手段和方法也存在着区别，但它们之间又是相互联系、相互促进、相互制约的，并形成了学校体育管理的整体，为完成学校体育的总目标服务。

（2）周期性原则

学校育人活动的周期性的特点，决定了学校体育管理的周期性。学生从进入小学开始，到获得一定的学历毕业走上社会，这是一个通过很多年教育培养的全周期。而小学、初中、高中、大学，各学段又形成相对独立的大周期；每一学段又以年级来划分，每一个学年又构成学年度周期；每一学期、每一周，均构成学期周期或周周期；直至每一天、每一次课、每一次活动，形成最基本的教学和活动单元。这种周而复始、不断提升的过程，决定了学校教育管理的周期性，也决定了学校体育管理的周期性。

学校体育管理的周期性，要求学校在设计、决策、各级各类学校体育发展战略、学校体育目标、体育教学大纲、体育锻炼标准和体育合格标准等事关学校体育全局的事项时，有一个科学的、统盘的思路和架构，使不同学段之间、不同年级和学期之间，既互相衔接，又不断提高要求，以期达到理想的效果。学校体育管理的周期性，还要求实施学校体育的计划管理。计划管理是学校体育管理极为重要的表现形式。计划的制订和执行，是学校体育质量的重要保证。可以这样说，没有计划，就不称其为管理，也就谈不上学校体育工作的质量。而计划的制订，又是以学校体育教育的周期性特点为依据的，如学校体育工作计划，就是以学年度和学期为时限的；体育教学计划，分为学年体育教学工作计划和学期体育教学工作计划；运动队训练计划，也是以学年度来划分训练周期的……

学校体育的周期性，还表现在学校体育工作和活动的季节性。由于我国四季分明，南北气候相差悬殊，因而在活动内容的安排上，总是考虑季节因素，因季节而异，如春季的校田径运动会、秋季的各种球类比赛、夏季的游泳、冬季南方的长跑活动和北方的冰雪运动等等。

（3）有序性原则

管理是一种有序的活动，学校体育管理也不例外。学校体育工作是一项复杂的工作。其对象的广泛性、工作内容的多样性和任务的繁重性等特点，决定了学校体育管理工作的复杂性。贯彻学校体育管理的有序性原则，就能保证各项工作忙而不乱，井然有序地进行。学校体育管理的有序性，首先表现在学校体育管理系统是一种多层次的有序结构，学校主管体育工作的校长、体育卫生领导小组（体育运动委员会）、教务处（体卫处）和总务处、体育教研组（室、部）、体育教师、班主任。这种管理系统，反映了管理的层次性特征，形成决策层、管理层、执行层三个层次。不同层次应明确职责和分工，上级管下级，领导做领导的事，各层做各层的事。这样分层次的有序活动，能使管理产生最佳的综合整体效应。学校体育管理的有序性，还表现在管理过程的有序性。管理过程的三个基本环节，即计划、实施、检验，也反映了管理活动的有序性。不论是学校体育工作，还是体育课教学、课外体育活动、课余体育训练、体育竞赛，在实施管理时，都要按照这三个基本环节进行。如果违背了管理过程的有序性，就会造成工作杂乱无序，事倍功半，削弱管理的效果。学校体育管理的有序性，还表现在处理学校体育的具体工作时，要分清主次、轻重、缓急。主要工作应始终抓住不放，以此带动全局；重点工作着力办，以保证重点任务的完成；急事急办或特办，以期短期内收到显著的成效。

（4）规范性原则

学校教育是一种有目的、有组织的活动。学校是在党的教育方针、国家有关教育的法律和法规的指导和约束下进行教育活动的。教育方针和法规，就是一种最具有约束力、最基本的规范和准则。作为学校教育组成部分的学校体育，同样也应受制于这种最基本的规范和准则。任何忽视学校体育的行为，都是对上述规范和准则的背离；同样，任何只顾体育成绩，不问、不抓德育与文化学习的行为，也是对上述规范和准则的背离。学校体育管理的规范性，要求学校体育建立必要的规章制度和工作规程。合理的规章制度和工作规程，既可保证学校体育管理的正常的、稳定的工作秩序，又可使受管理者自觉地遵守，以维护和保证学校各类体育活动正常进行。学校体育管理的规范性，还要求学校有良好的校风和学风，以及良好的体育传统、风气和体育道德作风。校风和学风不仅对道德教育、智力教育有约束力和影响力，而且对体育教育也同样有约束力和影响力。良好的体育传统、风气和道德作风不仅从侧面反映出一所学校体育的质量、水平和精神风貌，而且还在一定意义上反映出一所学校的教育质量和精神面貌。

（5）教育性原则

学校体育是学校教育的重要组成部分，其本身就属于一种教育活动。这决定了学校体育管理必须遵循教育性原则。搞好学校体育管理，就能更有效地增进学生身心健康、增强学生体质，增加学生体育基本知识，提高学生体育运动的能力，培养学生道德品质，全面地完成学校体育工作的基本任务。

学校体育管理，本身也是一种教育。合理的体育管理制度、有效的管理措施、严格的管理要求等，会对学生的体育行为和道德行为起到很好的规范作用，因而能发挥积极的教育效果。加强体育课教学的管理，不仅能更好地完成体育教学的任务，也能教育学生树立为"四化"锻炼身体的思想；搞好课外体育活动的管理，能增强学生的集体主义精神；做好体育竞赛的管理，能使参加者树立公平竞争的思想，养成遵守规则、尊重对方、尊重裁判的习惯。因此，"管理也是教育"、"管理育人"的提法，是很有道理的。学校体育管理的教育学原则，还体现在学校体育管理者和体育教师的表率作用方面。学校体育管理者和体育教师在管理中严格要求、一丝不苟、以身作则、为人师表，其对学生的感召力和影响力是不可估量的。

（6）有效性原则

管理的目的是在实施管理过程中，合理地使用人力、财力、物力、时间、空间和信息，使之获得最佳的效益。体育管理的有效性以管理效率（或经济性）和效果作为评价的主要标准。管理效率是指人、财、物、时间、空间、信息的耗量与单位效果之比。讲管理效率，就是要用最少的人、财、物、时间、空间和信息获得最佳的效果。因而管理效率也可称作管理的经济性。贯彻有效性原则，还要求在实施学校体育管理时，对管理工作的效率和效果进行科学的评价。上述各项原则是相互联系的有机整体，它们组成了学校体育管理的原则体系。贯彻这些原则，要在实际工作中，根据学校的具体情况和工作实际，合理而有机地加以运用并使之具体化。

2. 学校体育管理的方法

学校体育管理的一般方法有法律法、行政法、教育法、奖惩法等。

（1）法律法

学校体育管理的法律法是运用法律、法规对学校体育进行管理的方法。它又可称作法律法规法。由于法律与法规具有普遍性、规范性和强制性等特点，故在其适用范围内具有普遍的约束力。教育与体育的法律法规、学校体育的法规，是进行学校体育管理的法律、法规依据，它有利于维护学校体育管理秩序，调整各种管理关系，以促进学校体育事业的发展。

（2）行政法

学校体育管理的行政法，是运用行政组织的职能与手段，对学校体育实施管理的方法。由于行政法具有权威性、指令性、针对性和自上而下的纵向性等特点，能有效地发挥组织、指挥、控制、调节的作用，是一种常用的管理方法。

（3）教育法

学校体育管理的教育法是运用宣传教育的手段和形式，对学校体育进行管理的方法。教育法也可称作宣传教育法。教育法具有说理性、引导性、多样性、灵活性和表率性等特点，能使管理者和被管理者知其然，也知其所以然，启发其自觉性和积极性，使管理制度和办法得以顺利地贯彻和推行，并使管理具有教育性意义。

（4）奖惩法

学校体育管理的奖惩法是表彰、奖励先进，批评或惩戒后进的激励办法。因而也可以称作激励法，是学校体育管理中常用的行之有效的方法，也符合体育是一种竞争性活动的特点。表彰、奖励是对集体和个人的体育工作和成绩进行肯定、褒扬的方法，能起到激励、示范和推动学校体育工作的积极效果。表彰和奖励，可分为精神奖和物质奖两类。物质奖的奖品或奖金应适当，并有教育意义。某些地方对优秀体育教师在工资待遇方面给予一定的晋升的做法，也是可取的。批评和惩戒是对学校体育工作后进的集体或个人进行批评教育、惩罚处理的方法，能起到教育、告诫、鞭策的作用。实施本方法时，要求批评应实事求是，以理服人；惩戒应依据罚则实事求是，适度掌握，惩前毖后。

第五章　体育文化遗产的传承与保护

　　作为有着五千年历史的文明古国，中国的文化遗产资源非常丰富。幅员辽阔的国土上不仅遗存着许许多多有形的物质文化遗产，同时还拥有大量无形的非物质文化遗产。然而，随着全球化和现代化进程的加快，人们的生活方式受到了前所未有的冲击，很多蕴含民族精神家园的非物质文化遗产已经消亡或正在从现代人的生活中消失。如何保持和弘扬独立的民族精神，保护和发展非物质文化遗产已成为必然的文化诉求。

第一节　文化遗传与体育文化遗产释义

　　中国的传统体育文化属于非物质文化遗产，是中华民族创造的灿烂文化的一部分，是中国人民共同的骄傲。非物质文化和其他事物一样，都有产生、发展、辉煌、凋零和继承保护的过程。非物质文化遗产是不可再生资源，随着全球化趋势和现代化进程的加快，我国的文化生态正在发生巨大变化，文化遗产及其生存环境受到严重威胁。然而，在历史的发展、社会的进程中，人们会不自觉地丢掉属于我们精神领域内在的东西，盲目追求外在浮华的物质。

一、文化遗产中的我国传统体育文化概述

对本民族非物质传统文化遗产的维护和整理是全球性的，包括中国在内的世界各个民族都非常重视对自己民族传统文化的挖掘和梳理。联合国教科文组织给非物质文化遗产界定为："非物质文化遗产是指被各群体、团体、有时为个人视为其文化遗产的各种实践、表演、表现形式、知识和技能及其有关的工具、实物、工艺品和文化场所。"① 非物质文化遗产的概念是比较宽泛的，当前对其内容，在各领域进行着多方面的研究。非物质体育文化是非物质文化的子文化，研究非物质体育文化对于当前我国的体育事业来说是很重要的工作之一，不论历史如何发展，最本质的原则只有一个，那就是中国传统的文化不能被舍弃和遗忘。我们的祖先为世界创造了灿烂的文明，这些文明有的已泯灭在历史的烟尘中，有的还能深切感受到。文化需要传承，需要生生不息。古人说"苟日新，日日新，又日新"②，即希望文化传承能够不断自我更新、不断发展。非物质文化遗产同文化遗产一样，承载着人类社会文明，是世界文化多样性的体现。要实现中华民族傲立于世界民族之林的目标，就必须加强对非物质文化遗产的保护与传承。

二、非物质体育文化遗产保护价值

1. 体育文化遗产保护的社会价值

每一段历史都有自己的使命，使命决定于当前历史的发展状况和状态。救助是源于主流文化的缺失、观念的淡薄、意识的落后等；补正是源于异族文化的嫁接，文化是民族的灵魂。我们必须清醒地认识到当前流行的体育文化是以西方为主的非物质体育文化遗产的价值与继承，这种文化是全球性的强势文化，我们必须把握历

---

① 钱永平，康保成 . UNESCO《保护非物质文化遗产公约》述论 [M] . 广州：中山大学出版社，2013.

② （宋）朱熹 . 四书集注·大学章句 [M] . 长沙：岳麓书社，1985.

史必然阶段的文化交流与融合，必须清醒地认识到我国非物质体育文化保护的社会价值，这就注定是我们这一代体育人的历史使命。我国非物质体育文化遗产是民族的情结，是世世代代生息的土地上文化血脉的流传，是文化传播的基因。文化的国际交往有助于文化的交融和发展，但是有一个不变的原则就是以传承主流文化为前提。非物质体育文化遗产可以成为国家之间文化交流与合作的桥梁、民族之间联系沟通的纽带。

2. 体育文化遗产保护的文化价值

"我国的55个少数民族因为各自的生活环境、文化发展程度、经济发展水平、气候气象的不同孕育出了不同特色的少数民族文化，体现了这些少数民族风里来雨里去的生产和生活中形成的特别能吃苦耐劳的文化传统。"[1] 非物质体育文化遗产是中华民族非物质文化的子文化，文化遗产虽然是历史尘封的记忆，但与过去的历史事件、历史阶段和历史人物紧密相关，是历史发展的物证，是文化遗存的活化石，对研究历史有着重要的价值。因此，非物质文化的保守价值是多元的，不同的地域散发着不同的文化气息。

非物质文化遗产是人类自己创造的，它的继承和保护依然要靠人类自身来维系。通过加强区域性保护、建立法制体系、形成自觉保护意识等可对文化做最好的沿承。

第二节　中国体育文化遗产的现状及发展趋势

体育文化遗产是我国非物质文化遗产的重要组成部分，它的发展、保护也受到各界专家学者的重视。当前，对体育文化遗产的保护工作主要是由文化部、旅游局、民委等部门在实施，在保护过程中存在不少问题，主要包括相关管理部门对体育非

---

① 李杉.论非物质体育文化遗产保护 [J] .体育文化导刊，2009（4）：36-39.

物质文化遗产保护的重视不够，保护文化遗产的理念不清，缺少资金，缺乏完善的保护措施等。

一、我国体育文化遗产保护的现状

1. 对保护工作的紧迫性认识不到位且意识淡薄

随着世界经济一体化和文化全球化的冲击以及人们生活方式的改变，人们逐渐将更多的目光投向奥运会、亚运会。民族传统体育的发展在世界体育文化日益多元化的趋势下面临新的机遇和挑战，许多人包括体育工作者，都未认识到体育非物质文化遗产日益恶化、加速消亡的现实，把主要精力放在了如何发展学校体育和竞技体育上，而很少有人关注民族传统体育，意识不到传统民间体育文化属于不可再生资源，缺乏民间体育文化保护的紧迫感和使命感。

2. 新的社会环境变迁对体育非物质文化遗产保护的影响

体育非物质文化遗产保护要求在对某一具体对象进行保护时，不能只顾及该事物本身，而必须连同与它的生命休戚与共的生态环境一起加以保护。体育非物质文化遗产大多产生于传统社会，流传于民间，尤其是较为封闭的少数民族地区。我国传统社会是以家族、村落、社区为基础环境的农业社会，随着现代经济文明的迅速发展，传统的农耕文化向现代农业、新型工业、旅游业等现代文明方向发展，传统体育依赖的环境也在不断发展变化之中，社会经济的变化与改善是不可逆转的。因此，部分传统体育非物质文化遗产在实际保护中受到重大影响，是体育非物质文化遗产保护中的重大难题。

3. 体育非物质文化遗产保护与商业利益的矛盾

任何事情的存在都有其合理性，对传统体育文化等非物质文化遗产的商业开发不能横加指责，尤其是传统体育文化大多产于落后的民族地区与农村地区，对于群众来说，参与商业表演与经营是其改变贫困落后面貌的重要途径，外界不能单纯以商业化的理由阻止群众为改善生计而做出的努力。在西部地区，还有相当一部分离土不离乡的人，他们同样需要提高自己的生活水平，人们不能简单地为了让他们保护世界文化的多样性、保护某种文化遗产的表现形式而固守贫穷。在市场经济体制下，周边的社会生活大都被烙上了商品经济的烙印。在这种情形下，任何将保护传统文化与市场经济分离的想法在实践中都会变得异常艰难。当前，出现了把申报非物质文化遗产当作开发旅游或者兴办其他文化产业的手段的现象，而这些非物质文化遗产体现了广大民众的生活方式，而一旦这种生活方式被当作谋取利润的商品时，它的性质就改变了。因此，在传统文化的保护中经常面临的一个问题就是某一特定对象需要及时保护甚至抢救与当地群众对于经济利益的追求发生矛盾时，就需要依据以人为本的原则，应该尊重民族群众与地方政府追求经济发展和改善民生的努力。另外，在传统体育文化的传承和保护中最终还得依赖群众这一主体，因此必须在商业开发与传统体育文化保护中寻求一个平衡点。

二、中国体育遗产的可持续性发展

1. 吸收先进文化

我国民族传统体育在几千年的发展历程中掺杂着封建、落后的思想，必须对其进行正确地分析、合理地选择和消化吸收。我国传统体育是从封建社会中走出来的，传统社会文化封闭的价值体系及其所构成的心理和价值观念，已经不适于现代文化的发展趋势。以个体经济为基础发展起来的安于现状、不求上进、狭隘自守的保守观念与现代经济发展速度、生活理念、价值观念以及科学发展观是格格不入的，因此必须加以批判地继承优秀成分，摒弃不科学的成分，借鉴现代体育科学的基本原理方法，使传统与现代相结合，只有开放、积极地接纳外来先进的文化，才能促进民族传统体育的发展。

华夏民族的传统体育文化实际上是融合了许多古代民族传统体育文化而形成和发展起来的。汉唐盛世文化繁荣，体育活动丰富多彩，蹴鞠、马球等运动无论在规则，还是在内容上都较具先进性，这有多方面原因，而吸收西域文化是其中一个重要原因。西藏吐蕃王朝时期，松赞干布迎娶文成公主，从内地带去大量唐汉文化，包括体育文化，促进了藏族体育文化的发展；白族、纳西族较早接受汉民族传统体育文化影响，其民族体育文化发展较快；屈原楚辞成就显赫，主要是由于屈原以楚文化，包括当地巫文化为基础，吸收中原文化以至四方文化而创造出来的，如果只吸收巫楚文化或中原文化，则不可能创作出如此璀璨夺目的作品。只有民族的，才是世界的，作为中华文化重要组成部分的中华民族传统体育，在经济全球化和体育全球化趋势的背景下，只有积极寻求可持续发展之路，使之既保持自身的民族特质，又汇入现代体育的共性，实现现代化发展，才能在新时代获得生存与发展。

2. 多渠道、多层次、多形式集资

民族传统体育中，许多器械落后、不安全，要改善这些基础设施，使其朝着规范化、科学化的方向发展，首先要解决资金问题。国外在开发和保护传统体育文化时，采取了各种各样的手段和措施：一方面，加大政府投入，设立传统体育专项基金；另一方面，实施差别税率，鼓励社会资金投入到体育文化的开发和保护上来。

国外在传统体育文化开发与保护上的一系列较为完善的政策、法律法规，对于起步阶段的我国传统体育文化的发展具有积极的借鉴作用。由于我国少数民族聚集区大多经济发展滞后，导致传统体育的物质载体基础薄弱，因此要促进民族传统体育的发展，不能只靠国家投资，要采取多种投资形式，鼓励企业、个人和外商进行投资，开发民族传统体育，为民族传统体育的发展提供必要的设施、场馆，从而更好地发展传统体育文化。

3. 发展民族传统体育文化、旅游产业

多姿多彩的民族体育活动、色彩斑斓的民族体育服饰、体育用品及自然资源等形成了中华民族特有的民族传统体育文化旅游资源。来自世界各地的旅游者，带着不同的价值观，甚至是不同的文化观对民族传统体育文化旅游产品进行认同、接受和批评等，促使民族体育文化产品的设计、内涵加以改进，有利于民族传统体育朝着产业化、市场化的方向发展，增强民族体育文化的竞争性，促进其全面发展。

总之，人类社会在不断的发展中，曾经创造了辉煌的文明，同时也给我们留下了丰厚的文化遗产。在这些文化遗产中，有的我们只能通过字里行间和古老的岩画、壁刻去体会；有的我们还能亲身体会它的伟大魅力；有的已经化为烟尘，永远不再为人知了……但是这些文化遗产都为我们人类的文明进步做出了或者还在做着贡献。珍惜、保护、传承文化遗产就是为了让人类的明天有一个更好的发展。体育类文化遗产作为人类遗产中的重要组成部分，也具有同样不可替代的作用。保护和利用好非物质文化遗产，对于继承和发扬民族优秀文化传统、增进民族团结和维护国家统一、增强民族自信心和凝聚力、促进社会主义精神文明建设都具有重要而深远的意义。

第三节　中国体育文化遗产传承与保护的策略

民族传统体育是民族传统文化的典型代表，保护民族传统体育文化是社会和时代提出的要求。然而，随着工业化的发展以及追求利益的观念深入人心给体育文化带来了负面的影响，中国民族传统体育文化呈现出的逐渐消亡的局面给人们敲响了警钟，寻找其发展的有效途径已迫在眉睫。由于缺少组织和支持，研究水平参差不齐，保护与传承的方法、手段单一等，使得挖掘保护中投入了大量的人力、物力、财力关注保护的形式和结果，而很少甚至是没有考虑非物质文化遗产持续传承、存在的根本动力等至为关键的问题。因此，挖掘整理、继承弘扬我们国家优秀的民族传统体育是一项十分紧迫的工作，也是一项十分艰巨的任务。

一、民族传统体育文化的保护形式

人民政府为开展中国传统体育文化的保护提供了一些政策依据，如《中华人民共和国体育法》（2022 年修订）第十五条指出："国家鼓励、支持民族、民间传统体育项目的挖掘、整理和提高"。但是对民族传统体育文化的保护还没有专门性的法律法规，面对当前民族传统体育文化所面临的困境，从国家政府到地方应建立起一条系统的保护政策与措施，实行"从整体到局部"严密的保护线。民族传统体育是中国人民劳动的产物，它来源于劳动实践、风俗习惯和日常生活等。在我国，许多民族关于历史文化的文字记载较晚，甚至有些民族根本没有形成自己系统的文字，那么用身体语言进行历史教育就成为民族文化传承的重要方式，而体育文化就是身体语言的重要形式。由此看来，让民族体育代代传承是保护民族传统体育文化的重要途径。

1. 开展全国性民族传统体育盛会

在第九届全国少数民族传统体育运动会上，共有十六个竞技项目，三大类表演项目展开角逐。它不仅成为我国民族传统体育文化展演的舞台，更成为我国各民族和谐团结、拼搏奋进的重要象征。自 1953 年第一届少数民族传统体育项目运动会成功举办以来，越来越多的少数民族群众参与其中，越来越多的少数民族民间体育项目被纳入比赛中。从第八届全国少数民族传统运动会开始，取消了金牌榜，更没有人使用兴奋剂，前八名的选手可以在同一个领奖台上领奖，在这种和谐友谊的比赛理念影响下，各民族团结在一起，和谐友好相处。这样民族传统体育项目不仅被很好地保护，而且通过比赛的角逐使项目本身趣味性增加，这对民族传统体育文化的发展和传承起到了推动作用。

2.建立民族传统体育文化保护基地

国家为了保护原始动物的自然环境和濒临灭绝的动物建立起自然保护区，民族传统体育文化的保护工作可以吸取其宝贵经验，建立一系列传统体育文化保护基地，选拔优秀的继承人，开办民传教育班，培育民族传统体育文化的传承后代，改变民族传统体育项目后继无人的尴尬局面，成立民族传统体育资源开发和整理部门，发扬优秀传统体育文化，将其推向全国乃至全世界，使宝贵的文化得到发展，民族体育基地的建立是非常有必要的，而且刻不容缓。

二、民族体育文化的发展与传承

文化迅速变迁的背景下，对民族传统体育的批判继承和对现代体育文化的选择性吸收，是中国民族传统体育文化形成本民族特色且被国际社会认同的必经之路。现在的社会，无论哪一种文化形态的发展和开发都是以经济的发展为前提的。在中国社会主义市场经济和社会各方对文化保护事业的大力支持下，现在的任务就是选择中国特色的社会主义道路，大力发展和保护珍贵的民族传统体育文化。

1.发展电视媒体和网络信息等传播途径

电视与电脑的发展与普及给民族传统体育文化的发展提供了一条便捷而又广泛的道路。各具特色的传统体育通过一定的整理出现在荧屏上远比那些令人乏味的非黄金时段重复播放的节目更吸引人们的眼球，通过这种方式让民族传统体育时事出现在人们的视野中，逐步走进人们的生活，加深人们对传统体育文化的了解与认识，同时能激起人们群众对传统体育文化的保护的热情。CBA、CUBA、中超等国内体育赛事，广受人们喜爱，其受追捧的原因并不只是比赛的的激烈与精彩，中场休息时的表演类节目也深受人们的关注，这种关注也给中国传统体育提供了良好的发展契机。将表演类的民族传统体育项目与激烈的赛事一起呈现给观众，无论是坐在观众席还是电视、电脑前的人们，都会感受到不一样的视觉冲击和激情体验。新兴媒体如移动电视、数字广播、手机短信、网络、数字电视等作为技术支撑体系下形成的媒体形态，能将信息覆盖到全国的各个角落，快捷地传递信息，不同地区、不同民族的观众同步观看赛事转播，交流自己的想法与心得，这是一种全新的突破。

2.加强项目创新

一种文化要想发展离不开创新，中国民族传统体育文化的发展也不例外。在民族传统文化的传承过程中，创新是唯一一条途径，日本柔道、韩国跆拳道通过文化整合而走上奥运的先例给我们启迪和经验。相比较之下，中国传统体育项目的保护与发展则模仿较多、创新较少。第九届全国少数民族传统体育运动会取消了金、银牌的争夺，改为等级评判一、二、三等奖，这就是将具有竞争性和功利性特点的西方体育文化创新的一点，顺应了重视养生、重视人与自然和谐相处、重视天人合一的中国传统体育文化的核心思想。创新才是中国民族传统体育文化发展的重中之重，但是创新需要资金和精力的投入，需要人才的培养和后备人力资源的储备，这就对政府和学校提出了新的要求。

3.发挥学校和社会的教育功能

（1）民族传统体育文化的保护与传承必须重视和突出学校教育的作用

学校是社会有计划、有目的、有组织地培养人的专门场所，学校有专业的老师和丰富的体育设备，集前沿教学理论与教学内容为一体，学校是民族体育发展与传承的摇篮。经过专家的调查与研究，无论是中、小学还是高校，民族传统体育都有作为教学内容的可行性，其发展空间较大。在学校中开展趣味性的传统体育项目，创编民族传统体育文化的教育读本，将民族传统体育文化渗透到教学活动中，逐步形成学校传统体育教育体系。中国民族传统体育的理论体系薄弱，可供参考的理论相对较少，许多研究理论与方法有待提升，学校有研究能力较强的专家学者，有基础理论丰富的学习团体，这是民族传统体育文化理论大幅度扩展的有利因素。学校教育为民族传统体育项目推向全国提供了强大的智力支持。

（2）加强对民族传统体育文化的宣传力度，充分发挥社会教育功能

社区是社会教育功能发挥的基本单位，社区人群相对集中，居民价值取向易于整合。

充分利用社区宣传栏、体育广场等场所宣传民族传统体育文化的相关知识，让人们了解传统体育，参加民族传统体育项目。这是西方体育思想入侵的时代保护民族传统体育文化的主体地位行之有效的方法。民族传统体育与全民健身相结合是实现民族传统体育发展的另一途径，《全民健身计划纲要》的深入实施，在全国范围内形成了一种前所未有的健身热潮，将民族传统体育项目中趣味性、表演性、健身性较强且易于开展的项目加以改造、创新并与全民健身相结合，从而解决了全民健身场地、器材供应和无内容可练的困难。

4.政府政策供给与资金投入

在民族传统体育文化保护与传承的过程中，政府应充分发挥主导地位：

（1）给予民族传统体育文化保护工作提供各种政策

①对外，政府应加强民族传统体育文化与奥林匹克文化的交流，奥林匹克文化为我国民族传统体育文化的发展提供了展现平台，为它的发展带来了广阔空间。

②对内，政府应大力发展和拓展民族传统体育事业，保护民族传统体育文化存在的根基，开发民族传统体育资源，建立相应的管理部门，制定相应的政策条例，组织相应的研究团体，为民族传统体育文化的现代化转型提供智力支持。

③政府加强民族传统体育文化保护的立法工作。在人们的体育行为中只依靠道德的力量去规范，会导致一系列的问题出现，"球场暴力"、"黑哨"这些体育赛场上出现的问题就是因为体育领域内法律制度的不健全和人民法律意识淡薄。体育事业中侵权行为也是屡禁不止，比赛转播权、赛事商标的知识产权破坏等，这些问题急待民族传统立法工作的解决。

（2）政府应给予民族传统体育文化保护工作充足的资金投入

我国民族传统体育文化起源较早，而且受民族生活方式的影响导致民族传统体育项目种类繁杂、分布广泛而不均，这给民族传统体育文化的挖掘和保护带来很大的不便，大量的人力、物力如果没有政府的援助是不可能在民传保护中大有作为的。

①大力发展民族传统体育相关的体育产业，旅游业发展前景一片光明。彩票福利事业、体育商品产业、体育娱乐事业等的快速发展为民族传统体育文化的发展提供了良好的契机，将这些项目的收入投入到项目的创新与发展工作中，减轻政府资金压力的同时，也保证了民族传统体育文化继承和发展。

②加强民族传统体育文化与现有商业文化的有机结合。民族传统体育项目具有较强的娱乐性，在政府部门、商业区等地的娱乐区建立民族传统体育项目体验广场，放松工作的同时扩大了商品交易。在体育文化产业发展迅速的时代，政府应抓住时机，给予民族传统体育文化的发展市场充分的鼓励与支持，使具有民族特色的传统体育文化强大，走上国际并影响国际。

中国民族传统体育文化在面对西方体育文化的冲击下，保护工作变得紧张与迫切。民族传统体育项目的保护与发展是一项复杂而艰巨的任务，不能因为保护而限制了发展，发展才是民族传统体育文化的出路，而又不能因为发展丢失了民族传统体育文化所具有的中国内涵。在此种情况下，我国有必要集中一切可以集中的力量投入到民族传统体育文化的保护与传承工作中，无论是社会还是政府都有责任为此奉献自己的力量。当前我国民族传统体育文化的保护和传承工作还处于初级阶段，仍然受诸多不利因素的制约。要保持民族传统体育文化这种潜力资源的民族特性和时代性，应注意发挥学校的基础作用，协同政府、社会团体的呼应，为民族传统体育文化打造良好的发展与保护氛围。总之，民族传统体育文化的保护与传承工作是一项长期性的任务，培育民族精神、发扬传统文化中的优秀部分和精髓，珍视传统，才能形成我国的文化向心力。

第四节　高校体育文化和体育文化遗产的传承与保护

一、我国体育类非物质文化遗产保护的必要性

体育类非物质文化遗产作为人类文化遗产的重要组成部分，在人类文明的进化过程中起到了重要的推动作用。我们甚至可以从民族体育的发展的轨迹，看出人类文明不断进步、冲突、融合的痕迹。但是随着西方体育文化的不断强盛，世界上的民族体育活动都受到了或多或少的冲击。如何处理好西方体育和民族传统体育之间的关系以及民族传统的体育的保护和发展问题，成为摆在我们面前的一个棘手的问题。

1. 保护和传承非物质文化遗产是人类文明进程的必然要求

无论优秀的传统文化还是先进的现代文明都是人类健康成长的精神食粮。我国是一个历史悠久的文明古国，不仅有大量的物质文化遗产，而且有丰富的非物质文化遗产。保护这些非物质文化遗产，既是一个民族对历史的延续、智慧的张扬、情感的连接，也是扩展时代思想、提升社会格调、培植公众修养的有力途径。

2. 保护非物质文化遗产是保证世界文化多样性的重要保障

文化在不同的时代和不同的地方具有各种不同的表现形式。这种表现形式的多样性就表现为人类各族群和各社会特征的独特性和多样性。未来的世界和平只能建立在文明体系多元并立的基础上，因为只有在多元化的基础上实现的和谐，才是真正的和谐；只有在东、西方各国和各大文明体系独立自主和平等对话的前提下实现的一致性，才是真正符合人道的一致性。

3. 保护非物质文化遗产是实现社会可持续发展的重要举措

可持续发展是当代世界各国普遍关注的问题，也是科学发展观的重要组成部分。自 20 世纪 80 年代起，国际社会便提出了"可持续发展"的概念。20 世纪 90 年代起，可持续发展问题成为联合国的重要议事日程，成为世界各国政要和学术界的共识。可持续发展就是要求我们要珍视过去、立足现在、思考未来，我们不可只顾及眼前的得失、局部的利害，而全然不顾全盘局势。文化遗产给社会可持续发展提供发展的土壤和精神动力。

4. 保护非物质文化遗产是实现物质文明和精神文明协调发展的重要一环

物质文明和精神文明协调发展，才能有效保障人们的身心健康，才能促进人的全面发展。非物质文化遗产中有许多内容属于精神文化的范畴，其具有了解历史、教育后人、鼓舞人心、陶冶情操、净化灵魂的功能。精神文明为物质文明的创造提供精神动力，而物质文明为精神文明提供物质保障。传统体育文化作为精神文明中的主力军，对塑造社会形象、提高民族素质起着重要作用。

5. 保护非物质文化遗产有利于实现中华民族文化的复兴

非物质文化遗产保护是经济发展到一定程度后，民族文化面对外来文化侵蚀的一次自省和对自身文化价值的再发现，是对文化传统的回归和守护，是民族通过文化保护而实现民族精神延续的一种方式。我国文化曾经在世界文明史上扮演着重要的角色，但随着近代国力衰退，以及西方列强军事和文化的入侵，我国文化相比西方文化而言，处于弱势的地位。随着国家现代化的推进，民族的伟大复兴的任务也悄然落在了我们这一代人肩上。保护民族文化遗产就是实现民族伟大复兴的任务之一。

6. 保护非物质文化遗产有利于各民族间文化的交流和创新

2001 年 11 月发布的联合国教科文组织《世界文化多样性宣言》指出："文化多样性是交流、革新和创作的源泉，对人类来讲就像生物多样性对维持生物平衡那样必不可少。从这个意义上讲，文化多样性是人类的共同遗产，应当从当代人和子孙后代的利益考虑予以承认和肯定。"非物质文化遗产对保护世界文化的多样性具有重要的作用，同样对于保护国内各民族的特色文化起到重要的保障作用。我国是56 个民族组成的大家庭，每一个民族都有自己特有的历史和文化，特别是一些有民族特色的传统赛会和体育项目俨然就是民族名片。保护和传承这些文化遗产，对于提高民族的自豪感、增进民族间的交流和了解都有重要的意义。

7. 保护非物质文化遗产有助于维护民族团结和国家统一

非物质文化遗产具有极强的凝聚力和向心力，是维系民族团结、国家统一的基础。各民族无论大小，无论其社会处于何种发展阶段，都一律平等。各民族应该相互尊重各自的文化，并相互理解和相互认同。体育作为一种无国界、跨民族的文化传播媒介，对于推进民族认同、民族和解、跨文化交流与互动起着不可替代的作用。

二、体育文化遗产的继承措施

非物质体育文化遗产犹如乱石中的金子，在疯长的荒草和堆弃的瓦砾中散发着历史的光芒，如果精心收拾，依然会整理出精神文化的瑰宝；如懒于梳理，又会埋没于匆忙的岁月。所以，非物质体育文化遗产的保护已是迫在眉睫的事情，我们应该坚持"非物质文化遗产保护的基本方针是贯彻'保护为主、抢救第一、合理利用、传承发展'的方针"。诚然，物质文化、制度文化和精神文化是文化的三大层次，而精神文化属于文化深层次，常被人们认为是文化的核心层次。核心精神的变化常常会引起多重的反应，会波及人们生活的很多领域。因此，如何继承和保护体育精神文化就显得格外重要。

1. 重点加强区域性保护为主

从非物质文化遗产的地域分布特征来看，不同的地区其文化遗产是不同的，而且不同的因素是多方面的。非物质文化遗产是一个地区历史积淀的结果，与本地区的民俗、习惯、风俗、信仰有很大关系。地区的差异本质上是文化的差异。我们强调非物质文化遗产的保护，首先是对地区文化的认同，这是一个最基本的认识。在此基础之上才有可能对非物质体育文化遗产进行继承和保护。

2. 文化沿承是非物质体育文化遗产的根本

文化沿承的主线在于青少年，为什么发达的地区没有珍贵的文化遗产，而大多数的文化遗产保留在少数民族地区和落后偏远的地区，原因之一是这些地方受到的现代西方文化的冲击较少。世界非物质体育文化的繁荣，最基本的还是要靠继承和发扬光大。文化的沿承是非物质文化遗产的生命线，是代代相传的基础。我们期待着有更多的人走向民间、走向田野去整理失传太久的文明，那将是最大的文化沿承。

3. 建立法制体系保护

我国的非物质文化遗产保护只有个别单项条例和地方性条例，尽管我国在2004年正式签署联合国《保护非物质文化遗产国际公约》，但我们还应该尽快建立自己的法律制度，从法律和制度的角度保护珍贵的非物质文化遗产资源，来健全法律法规体系。

4.加强国民教育，形成自觉保护意识

教育是产生文化认同的动力。历史表明，经济全球化的趋势与非物质体育文化遗产的流失成正比，教育的保护应该是多条主线，不仅仅是局限在学校教育。这种教育要面向全社会，形成大家共同的认识意识，因为体育文化遗产具有不可复制性、不可再造性和民族特有性。

特色案例：辽宁省体育文化遗产价值研究 ①

20世纪20年代张学良将军提倡体育强国强种，支持体育事业发展，使辽宁体育事业活跃了起来，享誉国内乃至海内外。中华人民共和国成立后，辽宁的体育事业有了长足的发展，是名副其实的体育大省和体育强省。辽宁辉煌壮阔的体育发展历程留下了丰富的体育文化遗产，这是先人体育活动的记录和承载，是继承、传播和弘扬体育文化的重要形式，也是后人必需的文化营养和精神财富。然而，随着时间的流逝，人类的社会生活和生活方式发生了演变，许多体育文化遗产不断遭到破坏甚至消亡，一些传统体育项目不能得以流传，具有独特文化内涵的民族体育文化记忆正在逐步丧失。在我国经济飞速发展的今天，人们早已不再满足于衣食无忧的生存，更追求健康、愉悦、丰富的生活，因此研究与强调辽宁体育文化遗产的价值对于传承、保护和利用体育文化遗产具有重要意义。

1.再现与传承辽宁体育文化的历史价值

（1）辽宁体育文化遗产是不同历史时期人类体育活动的真实再现

辽宁是清王朝的龙兴之地，清代官方文献中对辽宁的记载总有一些避讳和溢美之词，非物质体育文化遗产以其稗官野史的、口耳相传的、原态的文化形式，可以弥补官方记载和正史典籍的不足、遗漏或讳饰，有助于现代人更真实、更全面、更接近本原地去认识已逝的历史及文化。体育文化遗产与过去的历史事件、历史人物

① 李响.辽宁省体育文化遗产价值研究 [J].科技视界，2013（26）.

和体育发展阶段紧密相关，是体育发展史上的物证，是体育文化的活化石。辽宁体育文化遗产能够还原辽宁不同历史时期的体育活动，是以往人类体育水平和体育发展脉络的真实再现，生动准确地反映了历史各个阶段民众长期体育文化活动及其成果以及先民在征服自然、生产劳动、杀伐征战、宗教祭祀、健身娱乐等活动中创造演化出的许多带有地方特色和民族特色的体育形式，因而具有不容忽视的历史文化价值。

（2）辽宁体育文化遗产具有积淀和延续辽宁体育文化的传承作用

人类历史之所以不断向前发展，就是因为我们继承了前人给我们的文化财富。文化的传承不是凭空的，要通过特定的载体得以实现。体育文化遗产是人民在长期的与自然抗争谋求生存、发展的过程中积累沉淀下来的文化精髓，深深地打上了民族的价值观念、思想意识、文化理念的烙印，饱含着独特的民族的文化基因。因其蕴含丰富的体育文化内涵，广纳体育文化的精华，并按照人类体育文化发展的这种需要而逐步发展、完善，所以体育文化遗产成为联系昨天、今天和明天的桥梁和纽带。

有了东北大学体育场（汉卿体育场）旧址，当代的我们才能体会在民族存亡危机时刻辽宁体育的辉煌与悲情；同样五里河体育场被爆破拆除后，后世的人民就无法感知中国足球圆梦世界杯的激情与震撼；如果满族太平秧歌失传，当代的我们就只能从书本和影视作品里看到古代东北人的生产生活。

2. 保护民族文化多样性的社会价值

多样性，是自然界存在并发展的法则。正是文化的多样性，形成了不同国家间和不同文化背景的人群之间彼此相互沟通的冲动和基础。体育文化遗产受到历史环境政治经济的影响，具有本民族独有的基因，保护体育文化遗产，就是保护民族文化的多样性。文化为什么能够在不同的社会文化共同体之间传播？这就像水为什么会流动一样，需要两边的地势不相同。也就是说，差异性是文化传播的根本原因。文化的过程，其实就是某一社会文化共同体的文化丰富与自我超越的过程，是向自身注入新的生命力和新鲜血液的过程。

3. 积累与推动学术发展的研究价值

体育文化遗产作为历史上各个时期体育文化的精粹，是人类物质文明与精神文明发展的提炼和总结，是不同历史时期体育文化发展的优秀成果的集中体现。对这些优秀文化成果进行深入探讨与研究，有利于我们准确地把握人类体育文化发展的规律，从而推动体育科学的研究与进步。同时，体育文化遗产作为文化遗产的一部分并不是孤立存在的，其中体育场馆融合了建筑学，体育宣传融合了新闻学，体育文物收藏融合了考古学，体育非物质文化遗产更是集社会学、民族学、音乐、美术艺术等众多学科于一体，更多地存留了当时人们的思想认识水平、审美情趣、生活情感态度、风俗信仰禁忌等社会历史文化内容，因此为其他领域的研究提供了新资料，从而推动各个学科的学术发展与深入。体育文化遗产真实地再现了当时社会体育文化发展的状况，以其"原始记录"的真实性与可靠性在体育史上拥有无可比拟的信息资源优势和权威话语权，具有极高的史料价值，因此体育文化遗产是当代学者进行体育科学研究的重要理论基础和史实依据。

4. 审美和激发创新的艺术价值

遥望古罗马角斗场似的汉卿体育场，我们可以想象在 20 世纪二三十年代，以救亡和启蒙为现代体育的主要目标的指引下，辽宁青年在赛场上飒爽的英姿；观看抚顺满族的秧歌表演我们可以推测早期先民们在这片白山黑水中狩猎骑射、抵抗外敌的朴素骠勇的生活实践；参与到本溪朝鲜族农乐舞当中我们更能体会劳动人民祈祝农业丰收、家宅安泰的愉悦。这些都是极具审美价值的艺术品。体育文化遗产在历史发展的长河中被披沙拣金地流传下来，就是因为它们是历史上各个时期体育文化的精华。因此体育文化遗产中有许多美轮美奂的艺术形式、无与伦比的艺术技巧、独一无二的艺术创造，能深深触动人类的感官，打动人类情感，震撼人类心灵。通过这些体育文化遗产中的艺术作品，我们仿佛可以真切地看到当时的历史状况、人的生存状态和生活习俗以及他们的思想与感情。

同时，体育文化遗产中本身就有大量的创作原型和素材，可以为新的文艺创作提供取之不竭的源泉，当代许多影视、小说、戏剧、舞蹈等优秀文艺作品就是从体育文化遗产中孕育而出的，这样很好地发挥了体育文化遗产的审美再造功能，充分利用了体育文化遗产的审美艺术价值。

5. 创新与拉动辽宁旅游业发展的经济价值

辽宁省是中华文明的发源地之一，也是近代开埠较早的地区，中华人民共和国成立后，辽宁号称"东方鲁尔"，是新中国崛起的工业摇篮。辽宁是东北地区通往关内的交通要道，也是中国连接欧亚大陆桥的重要门户，交通便利。深厚的历史积淀、独特的白山黑水、飞速发展的经济、优越的地理位置，使辽宁省成为东北旅游的重点区域。但是由于旅游整体宣传力度不够等原因，辽宁省的城市与其他旅游城市的名气上相比还有一定的差距，另外辽宁省各城市除大连以外给外界的印象中多是"重工业"的原始城市形象，旅游产品的文化品位和文化内涵不足，特色不突出，旅游产业的潜力尚未得到充分挖掘。

近年来，随着经济的发展，人们的消费观念和旅游观念也发生了变化，开始从自然风光游向文化之旅、专题之旅转变。2008 年北京奥运会、2010 年广州亚运会在我国成功举办，国民对体育的关注度有了明显的提高，体育参与意识增强。2001年在沈阳举行的十强赛上，中国足球终于冲出亚洲，拿到世界杯的入场券，辽宁沈阳作为中国足球的福地知名度显著提高。辽宁作为体育大省和体育强省应该抓住体育这张王牌，做好体育旅游市场。更值得注意的是，第十二届全运会在辽宁召开，给辽宁旅游市场带来发展的难得契机，以体育为主题的旅游将有极佳的市场前景。

辽宁具有众多有纪念意义的体育物质文化遗产和具有民族特色和美感的非物质文化遗产，文化内涵十分丰富，是极具价值的新型旅游资源，有助于拉动旅行旅游业的发展。

第六章 高校体育文化实践研究

第一节 高校课外体育俱乐部与校园文化建设

高校课外体育俱乐部形式能够更好地帮助高校体育的开展，由于其能够更好地延伸学生的学习领域和范围，因此，可以说我国高校课外体育俱乐部能够更好地帮助学生进行体育知识的学习和提升自身的体育素养。正是基于这样的基本目标，我国的课外体育俱乐部活动需要不断提升自身的水平和价值，也就是其需要和校园文化相互衔接，这样才能够更好地发挥其作为学生进行体育知识学习和体育能力提升的重要课外平台的作用。因此，本节主要就我国高校课外体育俱乐部的定义和内涵进行研究，然后针对其中的基本意义进行分析，最后就如何更好地将高校课外体育俱乐部和校园文化建设衔接进行研究，便于更好地提升我国大学生的身体素质。

我国高校正在积极构建有效的校园文化，在整个校园文化建设中，同样需要提升学生的身体素质。因此，就目前的校园文化来说，需要做的就是在构建整个校园文化的时候，必须要进行有效的体育课程的开展，这样我国当前正在进行的高校课外体育俱乐部就发挥了积极的作用，借助于这个模式能够更好地提升学生素质，也能够更好地发挥体育的积极价值，正是基于这样的原因，我国高校课外体育俱乐部与高校校园文化的有效结合就成了目前比较重要的一个部分。本节就我国校园体育文化进行研究，希望能够更好地提升我国高校课外体育俱乐部与校园文化建设的有效性，进而不断提升我国大学生的身体素质。

一、校园体育文化的积极作用

在研究高校课外体育俱乐部与校园文化建设之前，需要明确的就是我国校园体育文化的内涵，只有在明确了基本的内涵和意义之后，才有价值进行相应的研究。因此，就我国校园体育文化来说，其主要的价值在于，其能够更好地提升学生的身体素质，而且在整个锻炼的过程中，也能够更好地帮助学生进行有效的团队意识的培养。因此，可以说我国当前的校园体育文化能够更好地激发学生的学习兴趣和团队意识，这是我国当代大学生进行学习和生活的重要内容。而且，校园体育文化正是当代大学生正确价值观的组成部分，因此，在整个校园文化建设中体育文化的建设也是其中的一个重要环节，需要在构建校园文化的时候积极关注校园体育文化。总之，对于我国的校园体育文化来说，其有着极为重要的现实意义。因此，在整个校园文化建设中要提升校园体育文化建设的重要地位，需要更好地发挥我国高校体育文化建设的积极性，最终能更好地提升我国校园文化建设中的效率。

二、高校课外体育俱乐部形式

我国高校体育俱乐部的形式多数情况下是一种网络型的，也就能够更好地进行学生体育能力的拓展，更加方便学生进行体育活动，提升学生的学习兴趣。对于这个模式来说，其主要为了有效解决以下几个问题：首先，主要是为了解决在整个改革过程中不重视学生体育锻炼的思想，为了更好地提升学校对于体育锻炼的认识程度；其次，为了更好地解决我国体育教学中的长期锻炼和短期锻炼的问题，这是目前来看，我国体育俱乐部的重要意义；最后，对于体育俱乐部来说，其能够解决在整个学生训练和锻炼的过程中的拓展性，也就是在整个锻炼的过程中能够更好地帮助学生去进行体育锻炼。因此，对于我国高校课外体育俱乐部的形式来说，需要做的就是要进行有效的效率提升。对于我国的高校校外体育俱乐部的建设来说，其需要建立完善制度，促使整个体系能够更好地去适应学生的身体健康发展，这样才能够更好地帮助学生提升自身的素质。因此，对于我国高校课外体育俱乐部形式来说，需要做的就是要进行有效的网络化教学，这样才能够更好地去适应高校体育的发展，也能够在发展中更好地提升学生的身体素质，这就是我国进行校外体育俱乐部形式的重要现实性和逻辑性原因。

三、高校课外体育俱乐部与校园文化建设的内在逻辑性

高校课外体育俱乐部，是我国校园文化建设的重要载体和平台，通过有效的平台建设可以提升校园文化的有效性，因此，其对于校园文化的落实有着极为重要的推动作用，而对于校园文化建设来说，其是高校课外体育俱乐部的重要引领和指导，只有在整个校园文化建设的指导下才能够更好地进行高校课外体育俱乐部的建设，因此，可以说高校课外体育俱乐部与校园文化建设两者的建设和相互促进是十分重要的，而且对我国当前大学生的身体素质的提升和思想文化的提升起到了至关重要的推动作用。

我国高校在进行校外体育俱乐部建设的时候，必须要重视当前校园文化的建设，只有将校园文化建设与其良好地结合起来，才能够更好地帮助学生进行学习和生活，同时也能够更好地提升学生的素质，因此，将高校课外体育俱乐部与校园文化建设良好结合，是高校体育建设的关键。

第二节 高校传承民族体育文化实践方式研究

中华文化是随着中华民族的发展而逐渐积淀而成的，具备多样性的特征，而其多样性的一个重要体现便是民族传统文化。在社会转型的大背景下，促使文化做出相应的变革，在西方价值观念的渗透及影响下，我国的民族传统文化面临着消失的危险。高校承担着教书育人的责任，并具备传承传统文化的功能，因此，为了实现民族体育文化的传承，可以充分发挥高校的作用，以科学的实践方式实现民族体育文化的传播。可见，本节对高校传承民族体育文化实践方式的研究有着十分重要的现实意义。

一、文化传承与教育之间的关系

教育的含义众所周知，是指以讲解、演示等方式向受教育者传达知识，促使受教育者良好地掌握知识、提升自身的知识水平。而文化传承，则是指在人类聚居区所有成员中形成的纵向交接的过程。从定义上来看，文化传承与教育之间具有一定的共同性，可见二者之间具有比较密切的关系。人们接受教育后，知识水平及技能水平可以显著提升，并可促使自身的思想品德向着正确的方向发展，在文化中，教育是必不可少的组成部分，正是由于教育的存在，才能够连续不断地传承文化，实现文化的传播与继承。教育在传承文化的过程中，并非是机械地传播，而是有选择性地、创造性地传播，去其糟粕，取其精华，弘扬文化中蕴含的民族精神。

从古至今，教育经历了几千年的发展历史，并逐步形成了家庭、学校以及社会三种教育形式。对于文化传承来说，学校教育所起的作用更大，在学校教育的构成中，包含教学模式，而教学模式在很大程度上影响着文化传承的效果，同时，还可以影响社会教育传承。技术是教学模式重要的支撑因素，而技术的发展依赖于文化，技术的进步还可以促进文化的发展，可见二者之间相辅相成。由此看来，在文化传承发展的过程中，教育是重要的传承载体及手段，而教育的目的则是实现文化的传承，二者之间相互关联、共同实现发展。

二、民族传统体育文化的内涵

在明确民族传统体育文化的内涵之前，首先要了解民族传统体育的内涵，没有民族传统体育，也就没有民族体育文化。我国是一个多民族的国家，汉族与其他55个少数民族的人民共同生活在祖国这个大家庭中，在祖国发展的各个历史阶段中，各个地区的民族人员展开了各种具有民族特色的体育活动，这就是民族体育活动。在民族体育活动中，不仅具备民族的传统特征，更是蕴含了各民族人民的美好向往、精神寄托，体现了人们的审美观念。从性质上来看，民族体育包含三种：一是健身体育活动，二是养生体育活动，三是娱乐体育活动。舞龙舞狮、赛龙舟、武术等都属于民族体育。民族体育活动凝聚了各个民族人民的智慧，并具备一定的民族特征，也促使其带有文化色彩，形成了民族体育文化。对于民族体育文化的含义来说，包含两个方面：一是指传统的民族体育项目，二是各个体育项目中所蕴含的民族文化。民族体育项目就是具体的民族体育活动形式，如赛龙舟、舞狮等。而在每个体育项目中，都蕴含着独特的体育文化，如赛龙舟与我国传统的端午节之间关系密切。通过对民族体育文化内涵的解读，能更好地实现文化的传承。

三、高校传承民族体育文化的必要性

（一）传播民族传统文化，弘扬民族精神

对于中华民族博大精深的民族文化来说，其内涵是深刻而丰富的，民族体育文化在揭示和展现民族文化时，其视角具备独特性的特征。民族体育文化发展的历程中，经受了历史的选择，其所形成的理论思想、技术方法都具备独特性的特征。在民族文化中，精髓是民族精神，其中沉淀了民族文化中的精华部分。随着市场经济的发展以及科学技术的进步，人们的物质生活水平得到了显著的提升，各种高科技产品极大地便利了人们的生活，大学生在享受这一切便利的同时，负面作用、腐朽文化也正在侵袭着大学生的思想，导致大学生的思想意识、价值观念等受到严重的影响，甚至部分大学生出现了享乐主义、拜金主义的错误思想。而通过民主体育文化在高校中的传播与弘扬，可促使大学生体会其中蕴含的各民族人民的果敢与坚强，并促使自身形成正确的价值观念，从而实现自身的全面发展。

（二）提升学生综合素质

在民族体育中，一个重要的组成部分便是特色民族传统体育，此种体育形式具备多元化的特征，是一种社会文化现象。在特色民族传统体育中，不仅能够锻炼人们的身体，同时还具备娱乐性与竞争性，并且其中蕴含的文化比较丰富，能够体现出民族质朴的精神。高校体育教学中，引入特色民族传统体育后，可促使体育教育实现素质教育，提高学生的综合素质。此外，特色民族传统体育项目中，其所蕴

含的文化内涵具备本土性，可以培养学生形成人文素养及健康个性。在课堂中学习特色民族传统体育项目，不仅可以让学生掌握相应体育项目的技巧，锻炼身体，还可以促使学生在心理上认同其中蕴含的民族文化与民族精神，实现文化传承的目的。

（三）实现地方民族体育可持续发展

特色民族传统体育在其形成与发展的过程中，具备特定的特征，比如形成于特定的文化中，或者形成于特定的环境中，其所具备的民族性、地域性、文化性以及健身性的特点非常强。不过，在社会现代化发展的过程中，其所带来的现代化成果极大地便利了人们的生活，并逐渐改变了人们的生活理念，再加上西方文化的侵袭，使得越来越多的人遗忘了民族体育，致使民族传统体育面临着消失的危险。高校是传播人类优秀知识的重要载体，同时也承担着传承中华民族传统文化、弘扬民族精神的重任。高校通过对民族体育文化的传承与传播，使大学生认识到我国民族体育文化的优秀，并在学习的过程中形成认可，自觉对其进行保护与传播，实现地方民族体育的可持续发展。

四、高校传承民族体育文化的实践方式

（一）在高校体育教育中渗透民族体育文化

高校体育教育是传承民族体育文化的重要实践方式，将民族体育文化渗透在教学内容中，实现文化的传播与继承。首先，确定科学的体育教学理念。当前高校体育教学中所教授的体育项目多为现代体育项目，如篮球、排球等，在教学的过程中，教师应对教学理念进行更新，科学地渗透民族体育文化，将民族体育项目与现代教学相结合，促使学生了解民族体育文化；其次，创新教学模式。现阶段，高校体育教学中已经包含传统民族体育项目，如养生类的八段锦、五禽戏，民俗类的舞龙舞狮、跳绳，武术类的传统拳法等，教师可以充分利用这些传统的民族体育项目，将民族体育文化渗透其中，对教学模式进行改进与创新，比如在进行武术教学时，可

将武术所属门派的相关知识等讲解给学生，促使大学生逐渐形成良好的思想道德品质；最后，丰富教学方式。高校设置体育课程的目的在于增强学生的体质、丰富学生的校园生活，教师可以采用多元化的教学方式，完成民族体育文化的渗透，如在进行竞技类体育项目教学时，教师可以把民族体育文化中的竞技精神凸现出来，促使学生正确地对待竞技体育，形成正确的竞技意识，同时也提升学生学习的兴趣，提升教学效果。

（二）丰富高校体育课程体系

高校在传承民族体育文化时，可利用的相关资源比较多，教师应该充分收集和整理这些资源，在各个相关学科的基础教育中渗透民族体育文化，并建立起完善的课程体育，提升传承的效果。比如，在体育选修课中增加民族传统体育教学项目、民族传统体育项目文化艺术鉴赏等，真正实现民族体育文化的传播。同时，加强学科之间的合作，对相应的院系进行整合，将专业限制性选修课设置在学科体系下。例如，在体育学学科体系下设置民族传统体育文化理论、在民俗学学科体系下设置保护文化的课程等，以此来丰富课程体系，完成民族体育文化的传承。

（三）建设民族体育社团

民族体育文化的含义中即包含民族体育项目，而在各个项目中，蕴含了不同的民族体育文化。高校可以充分利用其创办社团的功能，创建相应的民族体育社团，比如，武术社团、民族体育文化研究社团等，通过社团活动的举办，实现民族文化的传承。

民族体育文化是我国民族文化中重要的组成部分，高校应通过体育教学方式的改革以及其他的实践方式来实现民族体育文化的传承，弘扬我国优秀的民族精神，促进民族体育及文化的可持续发展。

第三节　高校体育文化与校园文化的互动关系

体育文化作为校园文化的一个重要内容，在高校校园文化建设中具有提高身体素质、为校园文化注入新气象的作用。对校园文化进行专项研究，能够培养高素质的学生和加强校园文化建设。本节将以体育文化与校园文化的互动关系为起点，分析探讨二者的概念特点以及实践策略研究，旨在更好地将体育文化与校园文化充分把握，从而推动其向更高、更深层次的方面发展。

校园文化是学校在长期的教学实践中总结出的独特的有别于其他社会群体的一种团队意识。校园文化在育人方面起着较大的作用，它能够潜移默化地使学生具备良好的气质素养和精神品质。体育文化通过体育活动来塑造人的道德观念，校园文化与体育文化相结合，能够提高学生的体育文化素养、培养学生的体育精神，并以此为基础开展校园体育文化活动。

一、体育文化与校园文化的概念

校园文化是指以学生为主体、以课外活动为主要内容、存在于校园内的蕴含校园精神的一种群体文化。校园文化以其独特的文化氛围对广大师生产生着潜移默化的影响，良好的校园文化对于提高学生的综合素质、培养良好的道德观念、提高学生的审美能力等起着不可或缺的作用。良好的校园文化对于实现教育目标起着较为重要的作用。充满生机的校园文化是以各种高雅的学术交流活动为支柱、以丰富的体育活动为骨肉的，这样校园文化在发展中才会生动和积极向上。体育文化是高校校园文化建设中的重要环节，在学校生活中，体育活动是师生接触最为频繁、最有活力的一项文化。现代的体育文化发展迅速，丰富多彩的体育文化丰富了高校学生的课余活动，还营造了积极向上的校园氛围。体育文化的塑造有利于创建校园文化的丰富多彩性，改变传统校园的死板枯燥性，有利于发展校园文化的创造性。

二、高校体育文化与校园文化的互动关系

体育文化是校园文化组成的一部分，但其实体育文化是以校园文化为依托存在的，并不是直接存在于校园文化中的。校园文化处于社会文化之中，是社会文化的反映，也是体育文化与社会文化的传播媒介。校园文化通过多种途径将社会文化内化于其中，还通过校园活动向体育文化传达社会文化的价值取向。体育文化向社会文化进行信息反馈就需要通过校园文化来进行。拥有良好的校园氛围和环境对于学校课程目标的实现、改变学生的生活学习方式和良好作息习惯的养成都有非常重要的作用。高校中体育文化与学校的办学理念、校风校纪等内容有很大的关系，它的教育功能与校园文化有着紧密的关系。

（一）体育文化与校园文化具有相似的功能

校园文化多种多样、丰富多彩，能够满足学生大部分的娱乐、社交、学习等需求，使其得到丰富的情绪体验，在实践活动中提高审美能力，以此陶冶自己的人格，充实生活，升华人生的意蕴。体育文化中的体育活动是健康高尚的，具有进取、竞争、战胜困难和经受考验的特点，在体育活动中有助于培养学生不畏艰难、坚强勇敢、坚毅果敢的优良品质，精湛的技术与身体精神美结合，能够激起高校学生各自独特的审美要求，从而引导学生提高审美，树立正确的审美观，增强学生心理的自我调控能力，开阔学生的视野和思维，促使他们的心灵趋于纯净。

（二）校园文化对体育文化具有导向功能

高校体育文化存在于校园文化中，二者之间存在共同点，都以师生为主体、以校园为范围、以育人为目的。文化是时代的产物，它在一定程度上体现时代的特性，校园文化存在于社会文化中，通过各种方式和途径将社会文化纳入自身内容之中，是社会文化的反映，也是社会文化和体育文化间的传播媒介，向体育文化传达社会文化的要求与价值取向。校园文化还制约着高校体育文化的发展，对高校体育文化具有导向作用，是它的指导方针。现当代高校的校园文化正处于开放阶

段，接收来自社会文化的各种思想理念，各种观念在高校校园中汇集发生碰撞，对体育文化的发展也有一定影响。由于社会文化纷繁复杂，其中也会存在一些消极有害的文化，这些文化并不利于校园文化和体育文化的发展。体育文化作为校园文化的一部分，对校园文化具有反作用，在一定程度上会通过某些教育现象和问题向校园文化反馈这些不利信息，使校园文化对社会文化进行有目的的比较和评价，对体育文化进行更加优质的引导，因此在一定程度上，体育文化对于校园文化具有反馈作用。

（三）体育文化是校园文化的核心之一

体育文化是校园文化的核心之一，校园文化是体育文化的外部延伸。校园文化的本质就是培养学生，主要培养学生的学习知识与技能、树立正确的三观、陶冶情操、提高审美能力等方面。体育文化是指体育知识、体育技能以及体育精神，体育文化对于培养学生的这些能力具有其他学科不可替代的作用。要促进高校学生思想和人格的成熟，让他们不只是从书本和课堂上获取知识，还能从良好的校园风气中获取其他有利于发展成长的知识。丰富多彩的校园文化能够给学生提供良好的成长环境、更多的学习机会来接受体育文化教育，为他们提供自我展示与实践的机会和条件，提高文化素养。

（四）体育文化与校园文化具有相互推动的作用

校园文化的核心是校园精神文化，校园精神文化可以分为三种形态：一种是观念型，大致包括道德观念、价值观念、伦理观念、审美观念等多种思想观念；一种是素质型，是在长时间的实践过程中形成的具有校园特色的精神；还有一种是智能型，其主要目的是开发智力、增长知识。通过长时间的实践探究发现，体育文化对于校园文化具有推动作用。教师通过课堂这一传播媒介将体育方面的文化知识传授给学生，有利于培养学生的思维能力。教师利用自身的人格魅力，以正确的世界观、人生观和价值观潜移默化地感染学生，培养学生正确的审美观，促进学生综合素质的发展。体育文化是校园文化中的一部分，校园文化是体育文化存在与发展的大环境，对体育文化具有导向作用。校园文化的提升与发展也会带动体育文化的发展，从而为体育文化提供更广阔的范围与更优质的导向。

三、高校体育文化与校园文化的实践策略研究

校园文化建设需要将三个面向和培养全面发展的人作为体育文化建设的目标；校园文化建设必须把崇尚科学作为体育文化建设的宗旨；校园文化建设必须把发挥师生的创造力和想象力作为体育文化建设的动力；校园文化建设把制定规则作为体育文化建设的核心。不论是校园文化建设还是体育文化建设都离不开师生的努力，通过制定权责明确的规定来约束行为，处理师生之间的关系，是社会的理性化的要求。

体育从广义上看是人们与社会、自然界、个体三者之间的竞争，从狭义上讲是个体之间关乎智力和体力上的较量。将体育竞争的观念融入课堂学习中，一定会激发学生学习的热情和学生积极进取的心情，能够促进社会的进步与发展社会主义现代化。在校园文化建设中要使学生认识到体育文化是一种精神产物而不是物质产物，并且体育文化要在校园文化的建设中力求有效性的最大化，这在一定程度上促进了体育文化不断自我更新整理。

校园文化的形成离不开学生的参与，当学校里的新理念被全体成员赞同并且接受的时候，才能内化为每一位成员的思想，才能形成群体的行为，逐渐成为校园文化。在校园文化与体育文化互动的时候，学生就是连接两者的媒介，在它们之间传递各种信息，并通过自己的行为表现出来。

综上所述，体育文化不仅是校园文化的重要组成部分，还在校园文化中起着不可替代的重要作用。它与校园文化存在多种相同之处，它的建设方向和工作形式与校园文化都有着密不可分的关系。因此，要在体育文化的推动下培养学生树立正确的世界观、人生观、价值观，为社会的进一步发展培养人才。

第四节 体育文化视角的高校体育课程考试改革

本节通过对当前高校体育考试现状的研究，揭示了其在培养学生身体素质、提高学生体育文化修养等方面存在的问题，同时结合学生成长发展规律及成功经验的综合分析，提出了基于体育文化培养的高等学校体育课考试改革实践与模式构建策略。

一、传统体育考试现状

（一）传统体育考试内容

通常来讲，高校体育考试大概要考以下几点：运动技术、运动理论、身体素质等，所有项目的考试都有严格的规范。由于不同学生的实际情况不相同，每个人的运动能力、身体素质以及相关技术的学习能力都是有着很大差别的。以往的考核不够灵活，过于僵硬，没有考虑到学生的实际情况，这就导致体育考试反而会给一些学生带来不好的影响。有些学生运动天赋不佳，很难通过相关考试，这些学生面临着很大的心理上的压力，可能出现自卑的情绪，严重者甚至会对体育课感到厌烦，这就违背了体育课考试的初衷，同时也不利于体育文化的发展。

（二）传统体育考试方法

现如今，高校体育课考试通常是将教师视为核心，学生被动地接受考核，考试方法缺乏多样性，打分标准有的时候过于僵硬。而且只凭借一次考试的成绩来给学生整个学期进行打分是有失公允的，缺乏客观性。

二、体育文化视角下的高校体育课考试改革方向

（一）考试内容尽可能的多样化

如前文所述，传统的考试内容通常比较单一，各方面都比较僵化。随着社会的发展及体育的兴盛，这种考试方法已经不再适用于当今的高校学子。为更好地将体育文化进行推广和深化，有些高校正在尝试多样化的进行体育考核。例如，将平时成绩算作期末成绩的一部分，给学生更多的表现机会。这里说的平时成绩指的是考勤成绩、课堂表现以及课堂测试这三项内容，而实际的考试则有技术以及素质这两大项。笔者在这方面有着非常丰富的经验，并建议高校应该扩宽体育课所涵盖的内容，比如说：目前大部分学校的体育课都是以球类为主，学校应该对体育内容进行丰富，增添体育舞蹈、健美操武术等等，并且学生有权利挑选自己感兴趣的体育课程和教师，这样可以很好地激发学生对于体育课的学习热情，学生对体育课有了兴趣之后，学习的效果就会有很大的提升，不但成绩会有进步，对体育运动的爱好程度也会随之得到明显增强。

（二）个人考核向团队考核转变

如今，很多高校都开设了健美操以及太极拳体育课程，通常来说这两门课的考试形式是让各个学生将之前学到的东西实际地练一遍，教师根据学生演练的情况进行打分。而笔者认为，如果想要更加合理且客观地进行考核，最好选用团队考核的方法，也就是让几个学生组建一个团队，教师对团队的整体表现进行打分。这个方法可以很好地加强学生的责任心以及团结协作的能力，学生可以从中得到很大的收益。团队考核的形式不光能够更全面地对学生进行考核，而且还减少了教师的工作量，可谓是一举多得。

（三）统一标准向鼓励进步转变

大学生体育课程是学生体育文化素养培养的重要途径，但由于每一个学生的实际情况都不相同，就算在课堂上接受了相同的教育，不同的学生对于技巧的掌握效

率和效果也有一定的差距，故而对体育综合素质的养成效果也大有不同。正因为如此高校体育考试需要进行改革，应该更加柔和与灵活。笔者认为，不同学生的实际状况不相同，教师需要对学生的实际状况有所了解，之后进行有针对性的教学。这样教师就能够更有效地完成教学工作，学生的体育综合素养也能够更好地得到提升，对体育文化的建设而言，也是有着重要的辅助作用的。

（四）考试方法由单一闭合式向开放互动探研式转变

传统体育课考试一般采用单一闭合式方法为主，即学生考试、教师打分。而开放互动式的方法，是让学生参与到教师的考试评分中，进而让学生了解评分标准，学生之间相互评分，学生与学生互动，学生与教师互动。

笔者在健美操考核时尝试开放互动式的方法，学生通过考试评分了解了健美操套路考试的评分要求与规则，同时使学生探研健美操套路的组成与动作编排，这既提高了学生的学习兴趣，又形成了教学内容与考试方法的良性互动关系。由于学生参与了考试评分，多人制评分对学生成绩相对公正公平，同时也培养了学生诚实做人、诚信办事的基本道德，这对学生体育品德的培养也是大有帮助的。

综上所述，若想切实地做好体育文化的推进以及深化工作，体育教师就需要不断地激发学生对于体育运动的兴趣与热情，要在这方面进行相应的引导，帮助学生更好地成长。教师需要因材施教，让每一个学生都能够感受到体育教学带来的乐趣。而教师需要通过体育考试对学生的学习质量进行检查，这对于加强学生的运动能力可以起到很好的效果，学生可以借此更好地成长，塑造健康的体魄。

第五节　我国高校体育文化建设与实践

当前，建立和健全一套完整并且高质量的高校体育文化对于推动我国的高等教育的发展具有深刻的意义。本节正是基于此，针对当前我国高校校园体育文化的发展现状，提出了一些关于建设我国高校校园体育文化的建议和实践方法。

一、高校校园体育文化建设的现状

（一）校园体育管理制度的限制

目前，由于受各种传统校园管理体制的束缚，传统的体育教学以及考试评分制度较大地限制了高校学生体育活动朝个性化方向发展的潜力，同时也使不少学校的体育课外活动流于形式，或者是在体育教师指导下的体育活动范围狭小，学生自主建立的自身体育组织的经验尚不足等。同时，考虑到受传统文化的影响，以及现行高校教育目标导向及学生就业负担等因素的综合影响，以校园体育活动方式来达成交往，形成开放向上的高校体育文化生活更有待强化。

（二）校园体育精神文化建设的落后

对于高校来说，校园体育文化的构建重在培养学生兴趣以及良好的体育道德和体育精神。然而当前的实际情况是，目前在我国的高校，教育部门对体育文化认识的偏差还很大，甚至一些教育主管部门认为在高校开展体育实为累赘，而且认为师生只要身体健康，会锻炼和活动就可以了，谈到体育意识观念，都是指出非专业所需大可不必加以强化，因此就更谈不上在校园文化教育中用体育的精神去激励人的意志的培养，鼓舞人的斗志。因此我们也可以看出当前的高校校园的体育精神文化还十分匮乏。

（三）校园体育物质文化建设的落后

目前我国许多高校的体育场地以及器材建设显得相对滞后，客观上已经满足不了学校体育的需求。虽然目前也有部分高校的体育场馆设施建设成效还算显著，但由于学校管理体制上管得过多，造成体育场馆设施的利用率非常低，使得许多学校的体育物质设施形同虚设。因此，当前高校的体育文化物质层面建设应引起学校领导的高度重视。

二、我国高校体育文化建设与实践策略

（一）转变传统的高校体育教学观念

学校要在教学中增强对学生体育意识以及健康意识的教育，并积极培养学生自觉参与学校体育锻炼的兴趣和习惯，使他们能够在平时的教育过程中感受到良好的体育思想教育，培养社会需要的高层次人才，同时另一方面，学校也要把当前体育教育与学生的终身体育教育有机地联系起来，最终使学生树立终身体育的意识。

（二）优化高校的体育教学管理内容和方法

1. 体育教学内容的优化

体育教学内容的合理性和科学性对建设高校校园体育文化具有至关重要的作用。因此在选择体育教学内容时，教师要充分考虑到学生的自我学习价值，并选用健身性与娱乐性以及科学性与可接受性的体育教学内容来加以导入，并以最大限度地来满足高校学生对体育文化的需求和兴趣。除此以外，还要进一步增加体育理论课的比重，注重对学生科学锻炼身体提供丰富的理论知识和方法指导，在平时的教学课中增加身体锻炼知识以及锻炼方法等内容。当然，如体育运动处方原理以及运动生理效果等知识也应安排在平时的体育课中。

2. 校园体育教学方法和手段的优化

平时的体育课堂教学要充分体现高校教学形式的多样化，并且要借助学校的现代教学手段中的图片资料以及网络系统等现代多媒体教学手段来积极组织教学，或者组织利用诸如电视实况转播以及现场组织观看竞技体育比赛等多种形式对学生进行全方位的体育文化教育。学校应大力推广如程序教学、发现教学、游戏教学以及兴趣教学等创新方法。与此同时，学校的现代化的教学手段如电化教学和多媒体教学也应得到教师的广泛重视和运用，在这种环境中来综合提高高校的体育教学。

（三）高校校园体育物质文化层建设

首先是各高校要逐步增加对教学体育的经费投入，主管部门要把体育设施的建设作为评估整体教学环境和教育质量的重要内容，并同时建立起一套科学的评估指

标体系，把学校的体育设施建设作为高校办学条件和办学水平的重要考核内容之一并加以强化，这样才能有效督促学校对体育设施建设的投入；其次是提高学校的体育物质设施的利用率。结合国内外体育场馆经营管理实践经验，学校的体育场馆设置在满足高校体育教学以及训练需要的前提下，应该积极从福利型和公益型向经营型逐步转变，比如：顺应全民健身的热潮，逐步向全社会来开放体育场馆；采用体育会员制，建立体育休闲俱乐部并适当收取会员费，而开放对象为全校的师生和职工以及市民等；学校也可以利用周末提供一些比较特色的体育服务，为广大人民群众提供体育休闲娱乐的空间；学校也可以利用寒暑假等时间来办短训班以及夏冬令营等活动。诸如这些活动使体育场馆得到充分合理的利用。

（四）推动校园体育文化创新模式的建设

1.建立高校课余的体育俱乐部

而且在高校实施体育俱乐部，开展适当的课外体育活动应以满足学生的需要为基本原则，要提倡学生的自我健康投资，并且要以俱乐部的多样性和自主性为根本的指导思想加以引导。考虑到我国俱乐部形式的社会体育组织尚还不健全，因此，高校的课余体育俱乐部的建设应积极取得校方领导以及团委或者体育部等多方面的支持和帮助，这样才能使俱乐部的管理逐步走向独立和规范。

2.建立适合学校特色的校园体育文化节

校园体育文化节是深受在校学生欢迎的体育创新活动，而且校园体育文化节的确立使校园的单一的运动竞赛逐步转变为了融健身、娱乐和竞技于一体的校园综合性体育文化活动，体育文化节使得学校的单纯的体育健身逐步转变为育体、益智、健心和促德的体育文化活动，充分发挥了体育所具有的生物、心理、社会等多维功能。当然高校的体育文化节的具体活动规模、内容以及形式必须根据学校的办学性质、学生特点以及校园环境和实际场地器材等实际情况而定。

（五）创建丰富的网络校园体育文化

各高校应该充分利用学校的现代网络技术所提供的条件，在校园网上逐步建立校园体育网页，这样才能更好地为校园体育文化的建设提供服务支持。这就需要我们学校：首先应积极抓好体育教学内容信息的相关开发，为在校师生提供丰富的体育教育教学服务；其次还要建立网上的体育俱乐部以及多媒体教室和阅览室，为在校学生提供体育学习的网络空间，并可以在相关主页上开设校园体育新闻通讯、在线体育赛事、在线院校体育交流，并以此来丰富校园体育文化生活。

综上所述，作为一项非常复杂的系统工程，校园体育文化建设需从思想以及制度和物质等多方面的协同配合，立足于眼前的现实，并着眼于长远的发展，推进高校教育水平的进一步提高。

第六节　高校校园体育文化的作用

高校校园体育文化是在高校校园的育人环境中，以高校校园为空间、以学生为主体、以教师为主导，广大师生通过体育教学、群体活动、体育竞赛等体育的行为方式在大学校园里传播与流通，以促进学生个体成长和提高全员文化、身体素质及审美情操为目标，由全体师生、员工在各种体育活动中相互创造出来的一切物质的、精神的成果。是反映大学生特有的思想观念、价值取向和行为方式的亚文化，是一种较为特殊的社会文化形态。高校校园体育文化作为校园文化的一个重要组成部分，问世以来，对高校体育产生了巨大影响，它随着社会文化的发展而不断地更新和丰富自己的内容，为进一步发展高校体育文化，丰富和更新高校校园体育文化，探讨高校校园体育文化的特征和作用，为改进和提高高校校园体育文化研究提供一定的理论参考依据。

高校校园体育文化是指：在高校这一特定的范围内所呈现的一种特定的体育文化氛围，是人们在高校教学和科研实践过程中所创造的体育精神财富和物质财富的总和。它是高校的师生、员工在体育精神财富和物质财富的总和；它是高校的师生、员工在体育教学、健身运动、运动竞赛、体育设施建设等活动中形成和拥有的所有的物质和精神财富，以及体育观念和体育意识；它是以大学生为主体，以课外体育文化活动为主要内容，以高校校园为主要空间，以高校校园精神为主要特征的一种群体文化。这种特定的高校校园体育文化氛围是和高校的培养目标、校风校纪、生活方式等内容相联系的，是一种有着深刻内涵和丰富外延的独特的高校文化现象。高校校园体育文化与德育、智育、美育文化等一起构成了高校校园文化群，同时又与高校竞技运动文化、群体体育文化一起组成了广义的高校体育文化群。因此，高校校园体育文化作为高校校园精神文明建设的一种途径和形态，构成了高校校园文化不可缺少的一部分。

一、研究高校校园文化的目的

高校校园体育文化从社会学角度来讲，是社会文化的一个缩影，是社会文化在校园中的一种表现形式，它又是整个体育文化系中的一部分，也是整个教育文化体系中的一部分。高校校园体育文化作为社会文化的形态之一，它来源于社会文化，以社会文化为背景，滋生于社会，而又是不同于社会文化的一种特殊文化，这种特殊文化就是高校校园体育文化。高校校园体育文化，不仅具有强烈的个性，而且具有自己的特殊功能，它对大学生的人生观产生着潜移默化的深远影响，而这种影响往往是任何专业课程所无法比拟的。大学生通过高品位的校园文化熏陶，可以增强对人文社会科学的兴趣，促进自身的思想观点、心理素质、价值取向和思维方式的改变。一位哲人曾说："对大学生真正有价值的东西，是他周围的环境。"[①] 大学生在高品位的校园体育文化的影响下，可以弥补大学人文学科课堂教育的不足，增强群体的向心力与凝聚力，扩大大学生进行健身、娱乐、交流、沟通的机会。加强高校校园体育文化建设，是引导校园群体共同的价值认同、价值取向、心理特征、行为方式向良好方向发展的一种途径，是为大学生提供丰富营养和提高自身内涵的重要形式；利用校园体育文化活动，既能促进大学生文化素质和身心素质的提高，又能促进大学生学科专业的深化，相互促进，相得益彰。因此，加强高校校园体育文化建设，创造一种和谐有序、健康向上、文明和谐的育人环境与氛围，并形成良好的

---

① 蒋斌,田丰主编. 林有能,叶金宝副主编. 文化广东与科学发展 2010 广东社会科学学术年会论文集 [M] . 广州：广东人民出版社, 2011.

校风，是研究和发展高校校园文化建设的目的。

二、校园体育文化在高校校园文化建设中的地位与作用

高校校园体育文化是形成高校人文气息、文化氛围不可缺少的重要部分，是推动高校校园文化发展最有力的催化剂。体育运动是体育文化发展的主要载体，他不仅能起到增进健康、增强体质的作用，更重要的是在体育运动中所崇尚的一种公平竞争、团结协作的道德风尚；一种尊重自己、尊重他人、自强不息、自信不止的道德品质；一种促进相互交流、相互协作的精神，这正是我们所追求的人文精神。校园体育文化不仅具有丰富的体育知识，还修身养性，传播健康方法，营造健康向上、积极活泼的校园文化氛围，给学生搭建充分展示才华和特长的平台。更重要的是通过丰富多彩的校园体育文化活动，培养了学生的参与意识和组织能力，促进了学生人格的完善和情感态度、价值观的形成，提高了大学生的品德修养。在弘扬积极向上的校园体育文化熏陶中，大学生在忘我的拼搏中，锻炼了意志品格，陶冶了情操，心灵得以净化，人格得以升华，这对身心健康将起到非常积极的作用。

黑龙江大学校长在谈到校园体育文化时说："体育给文化启蒙带来很多东西，体育比赛中自由发挥的创造精神、挑战生理极限的挑战精神、服从团队和裁判的规则意识，都是现代人最重要的文化素质。正是因为这样，无论是从事体育运动还是观看体育比赛，都会对人有启发作用。文化校园建设是将课堂教学和其他方面融合起来，构成全方位育人和文化启蒙，而体育是这其中的重要部分。"[①]体育及体育文化有利于培养人们顽强拼搏、勇攀高峰的精神品质，有利于弘扬团结合作、公平竞争的社会风尚，有利于树立民族自尊心、自信心和自豪感，增强爱国主义、集体主义观念，有利于促进学生身心健康。总之，体育对振奋精神、增强学生的凝聚力、提高学生道德品质、展示学校形象、提升学校水平都具有重要的意义。

三、校园体育文化对形成良好校风具有促进作用

校园体育文化是存在于校园这一特定环境中的文化形态，。公平竞争、团结协

---

① 储国定，丁家云. 铜陵学院优秀学术报告集 2012[M]. 北京：合肥工业大学出版社，2013.

作、自强不息、自信不止是体育精神的精髓，它以特有的魅力与作用对学生的身心健康发展起着强大的潜移默化的影响，更成为校园文化对内、外展示的窗口。"更快、更高、更强"、"团结、友谊、进步"、"重在参与"、"公平竞争"等奥林匹克精神的魅力就深藏在体育文化的底蕴中。体育及校园体育文化是校园文化中最活跃、参与人数最多、开展最广泛、持续时间最长、对人产生极其深远的影响的文化活动。我国有不少高校通过校园体育文化的营造，对校风、学风建设取得了显著效果，如三峡大学，学校以丰富多彩的活动为载体，着力营造人文、科学精神相结合的校园文化，使学校思想政治状况、宣传舆论氛围、师生文明素质、校园综合治理等方面均呈现出新气象，促进了教职员工的交流与沟通，增进师生、员工的团结和深度融合。尤其是在提倡素质教育的今天，高校的培养目标就是把大学生能培养成为集知识与技能、智慧与体魄为一体的全面型人才。总之，大学校园的人文气息和文化氛围深深地影响着一代又一代大学生的成长，弘扬"诚信、奋斗、进取、创新"的办学精神，对提升一个学校的办学层次和办学水平，具有十分重要的作用。在营造良好的校园人文氛围、培养大学生健康成长中，高校校园扮演着十分重要的角色；在推动校园文化和精神文明的建设中，高校所形成的校园文化发挥了不可替代的作用。

四、校园体育文化具有促进大学生成长的作用

校园体育文化作为一种社会文化，是学校在长期的教学实践过程中逐步形成的，更是在广大师生直接参与和精心培养下发展起来的。它对改善学生的智能结构，加强学校与社会的交往，传承、借鉴人类社会的文明，提高学生的积极性、主动性、和创造性，促进教育改革的深入发展具有特殊的地位和作用。丰富多彩的校园体育文化是挖掘学生潜能、开发学生智力、促进学生能力发展的广阔天地，是最受学生欢迎的一种群体文化形式，也是学生从"自然人"向"社会人"发展的"催化剂"。校园体育文化生活使师生文化氛围精彩，增添学校办学的活力，使校园生活变得多姿多彩，有效地提高师生、员工的生活质量。

五、校园体育文化在人文素质教育中的作用

人文素质教育是以塑造人的精神境界、人格品位乃至民族精神为主要内容的教育。"人文素质教育的目的，主要是引导学生如何做人，包括如何处理人与自然，人与社会，人与人的关系以及自身的理性、情感、意念等方面的问题。"①加强校园体育文化建设是实现人文素质教育引导和文化启蒙的主要形式。校园文化直接影响着人的思维品质、行为价值及认知能力的形成与发展。

近代以来，随着科学技术的发展，人类进入了科技时代，技术性淡化了人性，使人失去了对他人的热情与关怀，只为自己的名誉地位忙得不亦乐乎。传统的人文教育逐渐被专业技术教育所取代；"人"的培养逐渐被"才"的训练所取代。自20世纪60年代以来，科学技术的迅猛发展给人类带来巨大物质财富的同时，也带来了许多社会问题。由于忽视人的素质教育，产生了高科技与低素质的矛盾。因此加强人文素质教育，使科学教育人文化，以培养出高素质的科学技术人才是社会对高等教育的必然要求。世界各国许多著名大学都能注意到了这一问题，并试图加以改造，采取的必要措施，就是加强人文素质教育。

许多人都认为现今中国的大学校园变得浮躁、媚俗、功利，缺乏诚信、缺乏人文关怀。有人提出"净化心理、提高德商、健全心商"是高等教育刻不容缓的任务。大学生不仅要学习文化科学知识，而且更应该具有社会公德和健康的心理。培养大学生树立正确的世界观、人生观和价值观，就要以文化素质教育为切入点，努力提高校园体育文化的格调和品位，加强学生创新意识、创新能力、创业精神和实践能力的培养。通过校园体育文化，加强素质教育，提高学生的思想道德素质、文化素质、专业素质、身体及心理素质，使大学生成为富有社会竞争力的群体。

体育文化的传播就是大力弘扬符合社会发展的人文精神。校园体育文化是维系校园团体的一种精神力量，在培育校园精神、促进精神文明建设、营造高校人文气息和人文氛围中起着重要的作用。因此要充分利用校园体育文化资源，以人为本，

---

① 李柯莉.谈奥林匹克运动与人文精神[J].云南师范大学学报（自然科学版），2006（1）：58-60+66.

让师生通过参与校园体育文化活动，去了解社会、去接触社会，培养团结协作、顽强拼搏、勇于进取、尊重事实、崇尚理性的精神风貌，促进高校教学质量的提高和素质教育的全面贯彻实施。

参考文献

［1］宋雪莹.国际体育交流对开拓新中国外交局面的影响和作用［J］.天津体育学院学报，2002（3）：73.

［2］周庆杰.中国外交与对外体育交往［J］.外交学院学报，2003（3）：52-57.

［3］黄文仁.全球化背景下我国体育文化发展问题的理论思考［J］.北京体育大学学报，2005（7）：882-884.

［4］黎冬梅，肖锋.试论体育文化的特征［J］.山西师大体育学院学报，2004（3）：23-25.

［5］马悦.论我国体育外交的作用与影响［D］.长春：东北师范大学，2007.

［6］王昊.论新中国的体育外交［D］.北京：外交学院，2006.

［7］钟建春.全球化背景下我国体育传媒的应对策略研究［J］.南京体育学院学报，2008（04）:70-73.

［8］姜南.北京奥运会对中国体育产业的影响［J］.山西师大体育学院学报，2008,23（S2）：25-26.

［9］郭超，陆艳婕.中国运动员对外交流意义浅释［J］.现代企业教育，2007（12）：113-114.

［10］卢元镇.中国体育文化纵横谈［M］.北京：北京体育大学出版社,2005.

［11］孟凡强.在文化的全球化趋势中审视中国传统体育文化的发展［J］.搏击：武术科学，2004(02):33-36.

［12］张力，张大志.全球化悖论与民族传统体育文化的重建［J］.搏击:武术科学，2005(08):54-57.

［13］张选惠.民族传统体育概论［M］.北京：人民体育出版社,2013.

［14］世界银行《中国高等教育改革》编写组.中国高等教育改革［M］.教育部财务司组织，译.北京：中国财政经济出版社，1998:54.

［15］克特·W.巴克.社会心理学［M］.南开大学社会学系，译.天津：南开大学出版社，1986.

［16］张进才.体育文化基本概念辨析［J］.体育与科学，2003（06）：32-33+36.

［17］王安平.甘肃高校校园体育文化建设与发展对策［J］.兰州学刊，2008.（06）：203-204.

［18］张翀.浅析校园体育文化建设的重要作用［J］.科技咨讯，2008（08）：224.

［19］吴洁.我国高校校园体育文化建设探析［J］.理论与实践，2008（06）：87-89.

［20］薛勇闯，等.从生态哲学视角下探讨高校体育文化建设［J］.体育科技文献通报,2008（01）:94-95+98.

［21］郭鸿鹏.高校校园体育文化的内涵、功能与价值取向［J］.边疆经济与文化，2008（05）：141-142.

［22］黄璐.高校体育工作改革探索［J］.体育文化导刊，2011（11）：86-89.

［23］黄璐.高校体育工作改革的校本化探索［J］.浙江体育科学，2011,33（06）：61-67.

［24］范旭东.开展运动健康促进教育介入实证研究的可行性考量［J］.体育成人教育学，2013,29（05）：42-44+53.